Josep Clotet

Ilustraciones de Andrea de Castro

12 MOMENTOS MÁGICOS DEL ROCK

MA NON TROPPO
BIOROCK

Diseño interior & maquetación: Gabriel Pérez Conill
Diseño de portada: Regina Richling

ISBN: 978-84-18703-71-3

Depósito legal: B.17.586-2023

Impreso por Sagrafic
Passatge Carsi, 6
08025 Barcelona

Impreso en España

BioRock es una colección que presenta libros sobre artistas o eventos de la música *rock* en el que destacan tanto el alto nivel artístico de la ilustración como la narración subjetiva e innovadora que la acompaña.

«No te ganarás la vida con la guitarra, John.»

La tía Mimi a John Lennon

«Recuerda que la información no es conocimiento. El conocimiento no es sabiduría. La sabiduría no es verdad. La verdad no es la belleza. La belleza no es el amor. El amor no es la música. La música... la música, es lo mejor.»

Frank Zappa

Índice

Prólogo

No deja de sorprenderme la cantidad de literatura que ha generado el rock. Probablemente más que ningún otro género musical en la historia. No deja de sorprenderme la de libros y libros que hablan desde todos los ángulos y enfoques sobre la historia, sus mitos y leyendas, sus discos, sus anécdotas, con mil y un prismas distintos. No dejan de sorprenderme los ensayos, tanto como las autobiografías, que en estos últimos años llenan nuestra memoria recuperando lo que algunos vivimos en su momento. Y no deja de sorprenderme ver aparecer obras como esta, dando un nuevo giro, otra vuelta de tuerca a un viaje tan apasionante como ha sido este. Tanto, que el libro acaba siendo revelador. Una novedad.

Cuando Josep Clotet Sopeña me mandó el texto que ahora tienes tú impreso en la mano, empecé a echarle un vistazo con ojo experto, es decir, el ojo del veterano de las mil batallas que ya lo ha visto y leído todo, y que, además, lo vivió y escribió en su momento. Era un trámite, la cortesía, saber de qué iba el libro para escribir estas líneas. Pero cuando, inevitablemente, te quedas colgado de una lectura, es que esta es apasionante, interesante, lúdica, original, divertida...

Esto es lo que sucede con *12 Momentos mágicos del rock*. Podrían ser mil, cien, cincuenta, y siempre nos parecían nuevos cuando se escriben con criterio y maestría. Los doce que conforman este volumen abarcan no poca historia y no pocas referencias de nuestra cultura rockera. Confieso que mi favorito es el de Nick Ercoline y Bobbi Kelly. Una debilidad. Ellos son los personajes que aparecen en la portada del triple LP con canciones del festival de Woodstock, el festival al que, fichado por el TOP —para los jóvenes, el Tribunal de Orden Público, franquista y represor— como activista y sin poder salir de España, no pude asistir. Esa historia va más allá de la música, porque expresa tanto el amor de dos personas como el viaje a través del tiempo que hicieron desde aquellos días de verano de 1969. Mi segundo favorito del libro sería el de Frank Zappa y el nacimiento de un hito musical como es «Smoke on the water» a cargo de Deep Purple. Pero claro, uno valora estas cosas a través de su propio prisma, sus recuerdos y la historia de aquellos años. *12 Momentos mágicos del rock* son doce viajes eternos en los que uno da una vuelta en círculo para acabar en el mismo lugar: el del amor nostálgico por aquello que nos cambió la vida y nos dio la energía para llegar hasta aquí.

Seguirá sorprendiéndome la cantidad de libros que se escribirán sobre el rock y sus historias, año tras año. Y ojalá sea así. Eso demostrará que la eternidad no muere y está para quedarse. Mientras, nos toca disfrutar con este, con la música estallando en nuestras cabezas.

Bienvenido.

Jordi Sierra i Fabra

Introducción

Casi todo el arte, la literatura, el cine, la poesía, la novela, el teatro, la ópera, la música... dan vueltas como una hoja seca girando vulnerable entre los agitados remolinos de un arroyo, afrontando y recreando constantemente el choque entre dos corrientes, entre dos dualidades enfrentadas, por un lado la de la memoria y el legado, y por otra, la del destino y el azar.

Quizás por ello, los humanos garabateamos incansables, toscamente y con ingenuidad, en nuestras cuevas —prehistóricas o digitales— intentando dejar constancia y presencia, para trascender, para legar a quienes nos sigan, nuestro recuerdo, al tiempo que desesperadamente tratamos de condicionar el futuro a nuestros ingenuos deseos.

La música ha sido, desde los albores de la humanidad, quizás antes que la palabra —que expresa ideas—, el vehículo de expresión de los sentimientos, y por ello, las experiencias musicales nos afectan poderosamente. Se transmiten de generación en generación. Son reflejo de nuestro inconsciente colectivo, se aferran a nuestro bagaje espiritual, y también a nuestros recuerdos. Intentan dar respuesta y sintonizan con nuestras angustias e ilusiones. Abrupta y a veces imperceptiblemente nos marcan con contundencia, entran a formar parte de nuestra vida y nos permiten revivir el pasado y afrontar el futuro. ¡Son nuestra máquina del tiempo!

Y es así como la música forma una parte indeleble e inseparable de nuestra experiencia de vida. A veces, la música que creamos o que escuchamos ha sido la resultante de un largo, complejo, paciente y metódico esfuerzo creador, que busca inspirar un resultado, un sentimiento concreto, como si el destino o la finalidad de la obra se grabase a fuego en la mente del compositor, conformando aquellos sonidos y silencios que la componen, pero, en otros casos, como en otras muchas cuestiones de la vida, la música creada es el resultado de una caprichosa concatenación de ritmo, notas y silencios inspirados por situaciones imprevistas, casuales, súbitas y aleatorias. ¿Música predestinada o música azarosa?, ¿música casual o música causal?

Pero, por una u otra vía creativa, los músicos y la música están ahí. Con música nacemos, crecemos, vivimos y morimos. Con música expresamos nuestros sentimientos, con música sufrimos, recordamos y olvidamos. Con música luchamos, herimos —que se lo digan a Shakira—, nos hieren y nos curamos. La música se aferra a nuestros recuerdos y tiene un sentido especial y personal específico, para cada uno de nosotros.

Hay canciones que son como ese viejo amigo o amiga de la infancia, no son como el amigo, vecino o compañero «de cada día», aquél que forma parte de tu cotidianidad. Más bien son como ese amigo o amiga de siempre, como solemos decir «de toda la vida», alguien que puede pasar mucho tiempo alejado de ti, pero, el día que os reencontráis, no hace falta verbalizar nada, porque sólo con la mirada, podéis transmitirlo todo, como si el tiempo no hubiera pasado por vosotros. Este es el efecto evocador de la música con que crecimos, porque la música que ha formado parte de nuestra vida, de nuestras vivencias, escenas, experiencias, permite que los recuerdos tomen vida, consistencia y sentido.

Y precisamente, ya que el mundo de la música admite diversos matices, ¿por qué no enfocar este vasto universo con una mirada dispersa, oblicua, no directa?, es decir, mirar con aquella especie de visión filtrada que aplicamos cuando vislumbramos las personas, los objetos o los hechos cotidianos por el rabillo del ojo, entre penumbras, o a contraluz, con los ojos entrecerrados. Esa mirada ambigua pero abierta, que desapasionada, pero no ausente, mira sin ver, desenfocada, y que en esta distinta forma de percepción, rompe los esquemas impuestos por el relato histórico predominante y nos permite desvelar en lo observado o escuchado sorprendentes matices, detalles realidades y escenarios nunca antes descubiertos, que van más allá de la historia «oficial».

Tal vez, entonces toparíamos con personajes quizás brillantes, aunque con espíritu de perdedores, modestos acompañantes, poderosos, pero resignados, cómodos en su anonimato. Protagonistas menores que justa o injustamente, por voluntad o por pura casualidad y azar se convirtieron en parte esencial pero no visible de la historia musical, anónimos secundarios atrapados en la cárcel del olvido, precisamente porque siempre ponemos el foco en lo obvio, miramos la luz cegadora del artista y su obra, pero no vemos las sombras, los inseparables matices que vagamente lo rodean, en nuestros recuerdos.

De este modo, si decides continuar, lo que sigue a partir de aquí —*Tu! hypocrite lecteur! mon semblable, mon frère*— es, en parte, la historia de tu propia vida, tu historia musical, escrita de alguna forma desde la visión de estos detalles, con personajes o escenarios a veces secundarios, menores, anónimos figurantes, silenciosos o silenciados por la historia oficial, pero en muchos casos esenciales acompañantes de la música, las situaciones y de los músicos con que crecimos, envejecemos y moriremos.

Serán fragmentos de historias musicales mágicas, porque siendo las mismas para todos, tendrán una visión especial y un sentido específico, distinto para cada uno de los lectores, lo que deja bien claro la magia de la música. Y su fabuloso, inmenso poder evocador.

Y quien quiera ir más allá, encontrará también en este relato historias que hacen de nuestros ídolos musicales, dioses con pies de barro, seres humanos, con pecados, con vicios, con ambiciones, debilidades, mezquindades, egoísmos, sentimientos encontrados, personas con inseguridad e incertidumbre por un futuro o por el sentido de su trabajo, de su arte. Seres de enorme potencial, pero frágiles en su genialidad. Creadores y artistas desbordados por el éxito, que quizás desearían abjurar de sus poderes y de la fama, al tiempo que necesitan perentoriamente el reconocimiento de un talento que ni ellos saben cómo gestionar, pero que, en todo caso, con sus grandezas y miserias, nos influyeron con contundencia.

Finalmente, un consejo: En unos tiempos en que está de moda emborracharse, atiborrarse glotonamente hasta la saciedad y la insensibilidad, de información redundante, irrelevante, vacía y a veces falsa, a menudo escrita por robots o por una Inteligencia Artificial, este relato, artesanal, cocido a fuego lento, debe disfrutarse a sorbos, lentamente.

Si lo deseas, además, puedes acompañar la lectura escuchando la *Playlist* asociada al libro, con los temas musicales que en cada capítulo son directos protagonistas de las historias que reviviremos en este relato, canciones que, con alguna sorpresa, arrancarán una sonrisa entre irónica y cómplice al avezado lector.

¡Que tengáis un feliz viaje en el túnel del tiempo!

Parte 1.
Vamos a los orígenes

1/12
En el principio fue el canto

África, verano del año 1844

El sol se alza, una vez más, sobre una remota, aislada, aldea de Dahomey (hoy república popular de Benín), donde vive Aklin, de la tribu Adjá, en el oeste de África.

Es un sol furioso, un sol al rojo vivo que, desde tierra adentro, comienza a elevarse enmarcado en un cielo transparente, un cielo tan azul y luminoso que es casi blanco, como si la fuerza de aquel astro se impusiese sobre cualquier forma de vida y borrase toda presencia que no fuera la suya, alargando las sombras de los árboles y de las montañas cercanas.

Todo está en calma. El perfil de unos pocos baobabs destaca, a lo lejos, con sus retorcidas raíces aferradas desesperadamente a una tierra rojiza y reseca. Troncos tortuosos que terminan en densas copas recortadas por encima de los escasísimos arbustos que rompen un paisaje salvaje, terrible y monótono, pero de gran belleza.

La noche se funde. Las sombras se van diluyendo y la línea del sol que avanza, lentamente alcanza ya los límites del poblado, una pequeña agrupación de una decena de cabañas circulares de paja, que se despiertan perezosamente al calor de la luz del nuevo día.

Cada una de estas cabañas de forma circular, con base de barro y arcilla roja y con la cubierta cónica de paja, ha sido construida con gran esfuerzo por la familia que la habita, con la ayuda de la comunidad, y es su símbolo de identidad. Dentro de cada cabaña, sin ventanas ni separaciones, las esteras de esparto sobre el suelo terroso delimitan los espacios vitales. Apenas nada más necesitan para vivir. Amontonadas, en el otro extremo del círculo, algunas toscas herramientas, grano y fruta en un cesto y un cuenco completan el ajuar familiar. Se cocina en el exterior de la cabaña.

Una valla circular improvisada junto al poblado, encierra el ganado comunitario de estos pueblos seminómadas que mantendrán su ubicación mientras la caza y el agua les sean propicias y posibiliten su supervivencia.

Mientras avanza la línea del sol sobre el poblado, de una de esas cabañas, rompiendo el silencio de la madrugada, se levanta un canto suave, un lamento casi imperceptible, monótono, pero firme y decidido. Repentinamente, la tela de piel que hace las veces de entrada, se desplaza lentamente a un lado, y un personaje alto, viejo, enjuto, de músculos resecos, de tendones tensados como cuerdas y piel oscura como la noche, se enmarca en esa puerta y poco a poco avanza, la mirada perdida al frente —sin detener su cántico— unos pasos por delante de la cabaña.

De edad indefinida y andar firme, descalzo, viste por toda ropa un retazo de tela raída que apenas le cubre la parte central del cuerpo, y, mientras avanza lentamente, desgrana su monótona salmodia. Para acompañar su cántico, entre sus manos, membrudas y óseas, con dedos alargados como garras crispadas, sostiene una calabaza con un palo clavado, del que nacen unas tiras de tripa, que quedan atadas al cuerpo central de esa fruta seca. Algunos, a ese instrumento musical, le llaman *Halam*.

El canto del anciano tiene una cadencia rítmica que él va desgranando, con la mirada perdida, de cara al astro rey. Entonces, con un bastón, comienza a percutir y pellizcar las tripas atadas a la calabaza, rítmicamente, apoyando su salmodia.

Convocados por la monótona voz, del resto de cabañas van saliendo los pobladores, y, poco a poco, sin prisa, van rodeando pausadamente al anciano, dejándolo en el centro, mientras con sus voces, los convocados van respondiendo, cada vez con más fuerza, a cada verso.

El nivel del canto, lentamente, casi de forma imperceptible, va subiendo de tono al tiempo que los cuerpos comienzan a moverse rítmicamente, cada vez con más intensidad, hasta que en un momento dado, sin mediar palabra o instrucción, los asistentes comienzan a saltar hacia el cielo, con los pies juntos. Parece que quisieran fusionarse con el cielo transparente, con el aire, con el sol naciente, con los árboles... ser uno con la naturaleza.

En el centro del grupo, el anciano, todo piel, huesos y tendones, con mirada ausente lidera el canto, recitando las estrofas y marcando con el precario instrumento el acompañamiento rítmico. Él es un brujo, el *griot* del poblado. Con sus salmodias, agradece a un dios indefinido, omnipresente, la nueva jornada. Invoca

el sol para que les ilumine una vez más y les acompañe en las tareas de caza y en el cultivo de una tierra reseca e ingrata. Un dios generoso y benevolente, que les permitirá vivir otro día, en comunión con la naturaleza.

El canto grupal va subiendo de tono e intensidad, ahora, ya todo el grupo salta, frenética, miméticamente, como un solo cuerpo, al ritmo de la música sincopada, apoyada por el sonido de esa calabaza con cuerdas de tripa que va marcando la cadencia del baile, del rezo que traerá la fortuna y la vida a la tribu.

Por la noche, cuando el astro rey termine su recorrido y se oculte por el lado opuesto del horizonte, detrás del mar, el *griot* volverá a reunir a la tribu, y repetirán el ritual, cantando y bailando para agradecer al sol haber vivido un día más.

Entre tanto, a lo largo del día, el canto seguirá acompañando también el ciclo vital de la tribu, mientras hombres y mujeres trabajan el campo, ayudando a la sincronización del grupo y creando un potente vínculo, cuando, encorvados, remueven la ingrata tierra reseca, mientras buscan el agua preciosa o secan la piel del antílope cazado ayer. El canto es el reloj que regula su vida cotidiana, el mágico recurso que les une y les mueve como un solo cuerpo.

Aklin hace ya un tiempo que abandonó el hogar familiar para vivir con su compañera y sus hijos en su propia cabaña, compartiendo con ellos y con la comunidad una dura y difícil subsistencia en un medio hostil en que el trabajo en equipo es esencial para la supervivencia. Pocas leyes o reglas son necesarias para organizar la convivencia grupal, basta con una: Aklin, como todos los miembros del poblado, tiene un gran respeto por el *griot* de la tribu, ya que este es el responsable de los buenos augurios, es quien dirige los cantos, mantiene vivos los conocimientos, los secretos y las tradiciones de su pueblo para que no caigan en el olvido. Es el núcleo y la base de esta reducida pero sólida sociedad grupal, que convive en paz y en armonía con la naturaleza.

Por eso, no entiende cómo, una tarde bochornosa, repentinamente, unos hombres extraños, violentos guerreros con armas terribles, rodean el poblado, prenden fuego a las endebles cabañas, matan a los viejos, matan al brujo, amontonan en el centro del poblado los supervivientes, los cubren de cadenas y después de un penoso camino hacia el mar, los encierran hacinados en el vientre pestilente de un enorme pez de madera, que flota sobre el agua.

Y así fue como Aklin, encadenado, desnutrido, tratado como una bestia, se convirtió en un esclavo. Otros compañeros no tuvieron la suerte de sobrevivir al largo viaje oceánico de tres meses hasta otro continente. Enfermos, desnutridos, torturados sin piedad, golpeados hasta la muerte, fueron arrojados como basura al mar.

A lo largo de la historia (entre los siglos XIV a XIX), Aklin y como él otros 100 millones de personas de color, serían convertidas en esclavos, encadenados y forzados a trabajar en las plantaciones de café, azúcar, tabaco o algodón; de ellos 14 millones en América. Tal era el desprecio de los negreros por la vida hacia estas personas, que varios millones de esos esclavos morirían en el camino sin retorno hacia su terrible destino.

En la hipócrita regulación de los embarques de esclavos, se autorizaba en el asiento del manifiesto del barco una sobrecarga de hasta un 30 por ciento de cuerpos, ya que esta era la proporción esperada de fallecimientos en el proceso hasta su venta, para así garantizar la entrega de los esclavos comprometidos en la operación.

Grupo de esclavos capturados y encadenados para el transporte y venta.

Con los ingresos obtenidos en América por las compañías negreras, estas compraban y cargaban materias primas y minerales para vender en Europa y financiar la revolución industrial. Con los beneficios obtenidos en esta transacción, las compañías de las Indias compraban armas, tabaco o alcohol en Europa, que después intercambiarían por los esclavos en África, y así el infernal ciclo volvía a empezar, repitiéndose una y otra vez.

Texas. Primavera del año 1845

El territorio se acaba de independizar de México y se incorpora a los Estados Unidos de América. Se inicia así una pujante industria del algodón que, en Estados Unidos —a diferencia de México donde la esclavitud ha sido abolida— precisa mano de obra esclava para sacar adelante los grandes proyectos agrícolas del estado y de los terratenientes esclavistas que le apoyan.

De este modo Aklin, que ha sobrevivido al penoso secuestro y traslado, unos meses después de su captura termina en un mercado local de esclavos en Texas, donde, como una mercancía más, es adquirido por algo menos de 500 dólares.

Como en una pesadilla, una nueva y terrible vida comienza para Aklin, que trabaja, de sol a sol, como un animal, propiedad del dueño que lo ha comprado junto a muchos más compañeros, supervivientes de su forzado viaje.

El sol ardiente de Texas le recuerda el de su tierra, de la que ya nada le queda, ni familia, ni mujer, ni hijos, ni amigos, ni esperanza. Todo lo que atesora es el recuerdo y la añoranza de su aldea. Entonces, mientras, encorvado, arranca los copos de algodón, le viene a la cabeza, obsesivamente, la salmodia que cantaban con el *griot* de su poblado. ¡Es lo único que se ha podido llevar de allí!

La cadencia musical se va repitiendo monótonamente en el cerebro de Aklin, dentro de su enfebrecida cabeza...

Sin darse cuenta, inconscientemente, aquel sonsonete interior se convierte en un sordo murmullo entre dientes, casi más mental que físico, apenas audible, un susurro que se va repitiendo una y otra vez —mezcla de melancolía y rabia— al ritmo del trabajo.

Su compañero, a unos pocos metros, apenas puede escuchar el sordo rumor del canto, que le recuerda algo familiar, cotidiano... Instintivamente, el vecino le secunda y va repitiendo la estrofa rítmica de Aklin, que ha despertado una música y ha encendido una chispa de añoranza en su interior.

Entonces, algo extraordinario sucede, el negro del otro lado, el siguiente, el de más allá... toda la plantación, responde, como una sola voz, como un cuerpo, como una sola alma al canto de Aklin! El brujo, el *griot* del pueblo quedó asesinado allá lejos, pero con su magia, con su poder, había dejado una chispa dentro de cada uno de ellos, y ahora —fuera lo que fuera aquello— revivía.

Este canto, que se llamó *holler*, o gritos de campo, era lo único que les quedaba a los que lo habían perdido todo, menos la vida.

Aklin, en medio de este infierno que se convierte en rutina, de grado o por fuerza tiene hijos con las compañeras, esclavas, a menudo elegidas por el amo, niñas, niños que pasan a ser también de su propiedad, y que, a partir de los cuatro años, comienzan ya a trabajar de sol a sol en los campos de algodón.

El tiempo transcurre inexorablemente, con indiferencia. Han pasado casi veinte años desde que Aklin, arrancado de su poblado africano, reapareció en tierras extrañas, viviendo forzado en aquel país en el cual, finalmente, chocan dos culturas, dos modos de entender el mundo. En el Sur, los grandes terratenientes se enriquecen explotando una economía agrícola tradicional, no tecnificada, que precisa incesantemente mano de obra esclava, hasta el punto de que más de la mitad de la población de los estados del Sur es afroamericana y esclava, y el Norte, comercial, industrial y abolicionista, se nutre con una inmigración proveniente de la cultura y población europea. Así, el choque es inevitable, y en medio de un turbulento período en la historia americana, en plena guerra de Secesión, llega la abolición de la esclavitud, que proclama el presidente Abraham Lincoln, el día 1 de enero de 1863.

Termina la cruenta guerra, pasan los años y, de aquella generación de antiguos esclavos descendientes de Aklin, ahora ya libres, nace un niño de color, al que ponen por nombre Alex Jefferson. Sus padres han vivido como esclavos, pero él, ya no lo será, aunque seguirá, precariamente, haciendo el mismo trabajo, viviendo bajo un contexto de pobreza, racismo y segregación.

Pasados los años, ya hacia 1890, Alex Jefferson conoce a una mujer de color, Clarissa Banks, y se casan.

Juntos llevan la misma tierra que sus antepasados esclavos, pero ahora como aparceros, trabajando en los cultivos de la ciudad de Streetman, condado de Freestone, en Texas.

El matrimonio Jefferson se va desplazando precariamente alrededor de la región, siempre en busca de ocupación y sustento, y mientras están trabajando en Wortham, en el mismo condado de Freestone, en la granja de Coutchman, el

1/12
En el principio fue el canto

Banjo.

día 24 de septiembre de 1893, Clarisa da a luz a un niño al que ponen por nombre Lemon.

Lemon es un chico sano y vivaz, pero nunca podrá ayudarles en sus tareas en el campo, porque ha nacido irreversiblemente ciego.

Aquel *griot* africano, el brujo de la tribu lejana de sus antepasados, aún tras dos generaciones, sigue haciendo su magia a pesar del paso del tiempo, porque Lemon, pese a su ceguera, ha heredado el don de la música, del ritmo, y a pesar de su limitación, o quizás precisamente a causa de ella, desarrolla una gran sensibilidad musical y comienza a cantar, cantar en los mercados, en la calle, en los bares, en las iglesias... a cambio de comida y de unas pocas monedas.

Pronto, Lemon comienza a hacer música con un precario instrumento, una especie de guitarra desportillada que remeda un improvisado *halam*, hecha con una caja de lata, con cuerdas de hierro que pulsa con un dedal metálico.

Al igual que el brujo de Dahomey, Lemon exorciza a la gente con su música, y así, aquel *griot* de Benín, que había sucumbido más de medio siglo atrás al ataque de los negreros, ahora —cambiando la calabaza *halam* que en América se había transformado en el banjo, y este evolucionado a una caja de lata para resonar, y cambiando las cuerdas de tripa por cuerdas de hierro—, renacía y se reencarnaba en el cuerpo de un niño negro y ciego, haciéndole cantar aquellas mismas

Halam.

Evolución del halam (izda.) al banjo (sup.) y de éste al dobro (sup.) y la guitarra.

canciones, aquellos ritmos que sus antepasados habían ido traspasando de generación en generación, canciones donde resonaban ahora —además—, el lamento, la tristeza y la desesperanza de sus abuelos, y la suya propia, salmodiando recuerdos apenas intuidos de la añoranza de una tierra no conocida, un anhelo de libertad y de gozo de vivir.

'Blind' Lemon Jefferson.

Cambia el siglo, y el ya ahora conocido como 'Blind' Lemon Jefferson, hijo de Alex y Clarissa, con su extraño instrumento, va recorriendo el estado de Texas, y sobre el año 1910, pasa por Dallas, donde se ubica, finalmente, de forma más estable, en el año 1917.

Jefferson, por su discapacidad visual, necesita a alguien que le ayude a moverse y, a menudo se apoya en algún muchacho que le acompañe en su trabajo, a cambio de enseñarle los secretos de su guitarra y su música. El primero de ellos, que le acompañará durante cinco años, es un corpulento adolescente de color llamado Walter Boyd apodado «Leadbelly», quien en 1917 es acusado de homicidio y encarcelado, convirtiéndose en otra leyenda del

Aaron Thibeaux Walker, «T-Walker».

blues. Para sustituirle durante esta ausencia forzosa, Lemon acoge este mismo año 1917 a un crío de 7 años de edad, que se llama Aaron Thibeaux Walker, hijo de padre afroamericano y madre cherokee, ambos músicos, y que —amigos de 'Blind' Lemon— acceden a que el chaval le acompañe en sus desplazamientos por los clubs de Central Avenue, en Dallas. A cambio Jefferson le descubre al niño el mundo y la técnica de la música y el blues.

El niño Walker, con el paso del tiempo, crece como persona y como músico, se rebautiza como T-Bone Walker y comienza a realizar giras como guitarrista y como bailarín.

Pronto sigue el camino de su mentor ciego, y en 1929, el mismo en que muere —en extrañas circunstancias— 'Blind' Lemon, T-Bone Walker comienza a hacer sus primeras grabaciones de discos.

1/12
En el principio fue el canto

Y así será como, en el año 1935 T-Bone Walker, ese chico -guía de 'Blind' Lemon Jefferson-, se convierte en el primer guitarrista de blues que toca una guitarra eléctrica. Un largo camino, para trasladar el canto del *griot*, desde esa calabaza reseca, atada con tiras de tripas, a 10.000 km y un siglo de distancia, pero con la misma esencia del blues.

T-Bone, es ya un músico consagrado y reconocido, y compone en el año 1950 una canción con mucha fuerza y ritmo y la titula «Strollin' with Bones», con un *suffle* —un ritmo— característico, vivo, sincopado y con unos riffs de guitarra rápidos y repetitivos, reforzados con *bends* —estiramientos de cuerda— y dobles notas con mucha personalidad. El hecho de disponer de una guitarra electrificada, le posibilita tocar como solista con una formación orquestal.

Charles Edward Anderson Berry, «Chuck Berry».

Unos pocos años después, otro músico y guitarrista negro, Chuck Edward Anderson Berry —Chuck Berry— influenciado por esta canción de T-Bone, y seguramente, también por la intro de guitarra de su amigo y guitarrista Louis Jordan en «Ain't that Just Like en Woman», componía el tema «Johnny B. Goode».

¡Estaba naciendo el Rock&Roll!

Así, aquel *griot* africano, muerto su cuerpo, pero extendiendo su espíritu, transcurrido un siglo y desde miles de kilómetros más allá, devolvía el golpe y con su magia se apoderaba de la mente y los corazones del hombre blanco, porque, a partir de ahí, la música que crearían, que interpretarían todos los músicos, todos los grupos de rock blancos, nacerían de estos cuatro protagonistas y sus compañeros de color, herederos de músicos ciegos, negros, esclavos y vagabundos, desarraigados arrojados furiosamente a una tierra que no era la suya.

Escanear el QR para escuchar
Ali Farka- Ry Cooder

Escanear el QR para escuchar
Chuck Berry - Johnny B. Goode

2/12

El diablo de las seis cuerdas

«Johnson debe haberse vendido el alma al diablo para poder hacer esto.» (Son House)

Año 1936. El Delta del Misisipi es una tierra pantanosa, una inmensa charca anegada de mestizajes culturales, humanos, sociales y raciales, pero también es un cruce de religiones, un campo diabólicamente fértil, inmenso, donde, como en dos ríos que se encuentran abruptamente, en su confluencia se arremolinan y mezclan las influencias católicas de uno, con el peso de la culpa, del pecado, la redención, la vida (y la muerte) eterna, el demonio Lucifer —el ángel caído por querer traer la luz *(lux)* y ferre (*llevar*)— a los humanos, el infierno... El otro río arrastra en su seno, arraigado profundamente, el poso religioso y espiritual del África occidental que venera el *hoodoo* africano, el 'mojo' o saquito de magia, o el vudú haitiano, credos dependientes y alimentados por sus respectivos dioses omnipotentes a los que sólo se puede acceder a través de Loa o del Papa Legba, el todopoderoso Señor que quizás se puede encontrar invocándolo en los cruces de los caminos.

Y en la América profunda, rural, del Delta del Misisipi, son muchos los cruces de caminos polvorientos que se entrelazan.

Lunes, 23 de Noviembre de 1936

Art Satherley y el técnico de grabación Vincent Liebler, siguiendo las instrucciones de Don Law, productor de American Recording Company (ARC), acaban de alquilar la habitación 414 del Hotel Gunter, de San Antonio, en Texas.

Con ellos viaja un engorroso, tosco sistema de grabación de discos de piedra con el que realizan las producciones para esta compañía discográfica. Vincent despeja el centro de la habitación alquilada, aparta la cama a un lado, instala el equipo, pone un micrófono, lo conecta, prueba el sistema de grabación, que ubica en una habitación aledaña, y entonces, una vez finalizadas las tareas preparatorias, se sienta con su compañero a esperar al músico con el que han quedado previamente citados.

Pasados unos minutos, unos golpes en la puerta de la habitación indican que el músico ya ha llegado. Vincent abre y ante él aparece un muchacho delgado, un joven vestido con el traje de domingo, que tímidamente se acerca. Hablan un momento, les dice que se llama Robert Johnson, y que nunca ha hecho un disco antes. Acuerdan que le grabarán unas canciones.

El músico es un chico de unos 25 años serio, callado, de mirada extraña, algo enigmático.

En silencio se adentra en la estancia. Saca la guitarra de su estuche destartalado al tiempo que con la mano libre agarra una silla por el respaldo y, arrastrándola, se sienta en un rincón de la habitación desordenada, vuelto hacia una esquina entre dos paredes, de espaldas a todo, como hace a menudo cuando toca en los bares. No quiere que le vean los ojos ni las manos...

Robert les comunica que ya está listo. Entonces, el técnico, desde la habitación vecina, pulsa el botón de grabación, se enciende una luz roja ante Robert y comienza la sesión. Durante tres días repetirán el mismo proceso. Cuando han terminado se despiden.

A lo largo del año siguiente, nuestros protagonistas repetirán la operación en Dallas, Texas. Al final Don Law habrá producido 29 canciones, entre ellas «Terraplane Blues», «I Believe I'll Dust My Broom», «Sweet Home Chicago» o «CrossRoad Blues», que mucho más tarde serán estándares universales del blues.

Aquel muchacho de 25 años, callado y reservado, junto con los técnicos, no saben que han cambiado la historia de la música. Sin embargo, esto no será así hasta que haya transcurrido un cuarto de siglo, porque estas grabaciones, salvo pequeñas distribuciones, quedan prácticamente en el olvido hasta el año 1961, en que John Hammond recupera aquellas rústicas tomas y gracias a ellas publica un disco *The King of the Delta Blues*. El disco contiene 16 de las 29 canciones grabadas por ese joven y enigmático músico 25 años atrás.

Ha tenido que pasar, pues, un cuarto de siglo desde la grabación original, para que se produzca el prodigio. Todos los músicos y grupos que escuchan aquello se quedan sobrecogidos. Los Stones, Jimi Hendrix, Eric Clapton, Led Zeppelin, John Fogerty, Bob Dylan, Peter Green, Elmor James, Dinah Washington, The Doors, The Blues Brothers y muchos más quedan absolutamente fascinados e influenciados por aquellas canciones. Como si viajase en una máquina del tiempo, en un salto de un cuarto de siglo, un misterioso cantante de blues casi desconocido, acaba de dar la vuelta al mundo actual del rock de los sesenta.

Las malas lenguas, los rumores, dicen que ese prodigio no había sido gratuito, que aquel misterioso chico, había ido al cruce entre las carreteras 61 y 49 en Clarksdale, Misisipi, a medianoche, con su guitarra, a pedir a Satanás o Legba, o una mezcla de ambos que, como a un nuevo Fausto, le concedieran el don de ser el mayor músico y guitarrista de blues, a cambio de su alma. Dieron un paseo juntos y, según la leyenda, Lucifer le afinó la guitarra y tocando sus dedos oscuros y largos le concedió el don y la maldición a la vez de ser el mejor músico del Delta, pero pagaría por ello un precio muy alto: Sería un espíritu solitario y atormentado a lo largo de su vida y no descansaría ni en la muerte. El propio músico nos lo confiesa y alimenta el mito en una de sus 29 canciones: «Me and The Devil blues»:

Early this morning
When you knocked upon my door
Early this morning, ooh
When you knocked upon my door
And I said, Hello, Satan
I believe it's time to go
Me and the Devil
Was walkin' side by side
Me and the Devil, ooh
Was walkin' side by side
And I'm goin' to beat my woman
Until I get satisfied

You may bury my body
Down by the highway side
—Baby, I don't care where you bury my—
Body when I'm dead and gone
You may bury my body, ooh
Down by the highway side
So my old evil spirit
Can catch a Greyhound bus and ride

Temprano esta mañana
Cuando a mi puerta llamó
Temprano esta mañana, ooh
Cuando a mi puerta llamó
Y dije: Hola, Satanás
Creo que es hora de irnos
El diablo y yo
Caminábamos codo con codo
El diablo y yo, ooh
Caminabamos uno junto al otro
Y voy a darle a mi mujer
Hasta que esté satisfecho

Puedes enterrar mi cuerpo
Abajo junto a la carretera
—Cariño, no me importa dónde entierres mi—
Cuerpo cuando esté muerto y desaparecido
Puedes enterrar mi cuerpo, ooh
Abajo junto a la carretera
Así mi viejo espíritu maligno
Puede tomar un autobús Greyhound y viajar*

*Greyhound
(autobús regular de viajeros de la zona)

16 de agosto de 1938

Y, efectivamente, tal y como pedía Robert Johnson en esta canción, dicen que fue enterrado el día 16 de agosto de 1938, cerca de los cruces entre la carretera 41 y la 64. Pero su cuerpo, maldito, ya nunca podría descansar, y, errante, aparece, por todas partes, inútilmente enterrado en diferentes lugares y cementerios de la zona, ya que hay contabilizadas al menos cuatro tumbas de ese muchacho maldito, fallecido a los 27 años.

Porque encontraréis los restos de Robert Johnson en la iglesia de Morgan City, en el cementerio de Sion, en el cementerio de Payne Chappel o en la iglesia Bautista de Little Zion y quién sabe cuántos otros lugares.

Sin embargo, la sabiduría popular, la gente de la calle dice que, como en la mayoría de negros de aquella época supremacista blanca, Robert estaría enterrado ignominiosamente, como un animal, en una anónima tumba cualquiera, sin incluir ninguna identificación, como era entonces la costumbre.

Robert Johnson.

De este modo, quizás, todos y ninguno de esos negros sepultados, menospreciados y olvidados, serían Robert Johnson.

Y así, de paso, ni el mismo diablo podría jamás encontrarlo, para atormentarlo eternamente.

Tres días antes del entierro: Sábado noche del día 13 de agosto de 1938

Hay fiesta y bullicio en el pueblo de Greenwood, en el estado de Misisipi. Robert Johnson, acompañado por su amigo y músico David Honeyboy Edwards, hará allí su actuación, acordada con Ralph, el dueño de la taberna Three Forks, cercano a la población. Estos peculiares locales, a menudo llamados juke joints o barrelhouse, ubicados a menudo en las afueras de los pueblos o junto a las vías del ferrocarril, en las zonas reservada a los negros, son edificios desvencijados, en ruinas o, en el mejor de los casos, tiendas o almacenes de día que, por la noche, cuando ya han cerrado al público, se transforman en tabernas para que los negros de las plantaciones —que no pueden compartir espacios con los blancos—, tengan un lugar donde charlar, donde beber licor, jugar a cartas, bailar y escuchar música basada en temas estándares de la época, y sobre todo, blues.

Cuando ya ha anochecido, Robert Johnson comienza allí su actuación y, durante una pausa, alguien le acerca una botella de whisky abierta. Dice la leyenda que su compañero y también músico —David Honeyboy Edwards— le advirtió de que nunca se fiara de una botella abierta que le ofrecieran, ya que, de hecho, era una práctica habitual de la época, envenenar o dejar fuera de juego a alguien con whisky de maíz mezclado con estricnina o naftalina disueltas: Al ingerirla, el sujeto se encontraba repentinamente indispuesto, y debía marcharse, abandonando el local, la fiesta o la partida de cartas. Robert, que además de la música y la carretera, tenía —casado dos veces y viviendo con varias amantes—pasión por las mujeres, parece ser que mantenía un romance con Beatrice Davis —la esposa de Ralph, el dueño del local—, mujer con la que Robert pensaba irse al terminar la actuación.

El caso es que Johnson se sintió repentinamente enfermo, hasta el punto de dejar el local y marcharse hacia Greenwood donde, tres días después, el 16 de agosto de 1936, fallecía.

La historia tal vez es sólo una leyenda, puede que no hubiese ánimo de matar en aquella trampa de la botella, quizás nadie, y menos el marido celoso que dicen que —como propietario del local— se la había acercado, podía saber que Robert Johnson sufría graves problemas digestivos, con varices esofágicas y úlceras, además de tener una sífilis congénita. Algunos estudios médicos actuales, apuntan también, en base a las dos fotografías conocidas de Johnson que —por la deformidad de sus manos, con dedos anormalmente largos, y su mirada, con un ojo malo—, podía sufrir (al igual —dicen— que Paganini) el síndrome de Marfan, enfermedad que presenta estos aspectos típicos y que también podía haber contribuido a su prematura muerte por aneurisma aórtico.

En definitiva, nadie sabe por qué murió. Incluso hay quien afirmaba haberlo visto con vida, 30 años después.

De esta forma, alrededor de Robert Johnson, todo son mitos y leyendas, pero quizás la más potente sea la de su transformación personal y artística.

Diez años atrás: Año 1928

El joven Robert Johnson es un chaval de apenas 17 años, que trabaja, a su pesar, en el campo, porque lo que de verdad desea es ser guitarrista. Robert conoce a una chica, Virginia Travis, de 15 años, de familia muy religiosa. Acuerdan casarse y, después de pensárselo mucho, Johnson decide dejar definitivamente la guitarra y cambiarla por la vida familiar, por amor.

Como Virginia se ha quedado embarazada, y ya está cerca la llegada de la criatura, Robert quiere realizar su despedida musical, sus últimos 15 días de ruta. Mientras tanto, Virginia, como es costumbre en la época, se va trasladando a casa de sus padres para parir al hijo que, juntos, esperan.

Cuando ha transcurrido ese plazo de dos semanas y el músico vuelve de su improvisada gira por las calles y los locales del condado, ya dispuesto a colgar la guitarra, descubre que Virginia y su hijo ya están enterrados. Ambos han muerto en el parto.

Nadie consuela a Robert, al contrario, la familia de Virginia, gente muy religiosa, le reprocha su marcha, asegurando que lo que le ha pasado a Virginia es un castigo de Dios por dedicarse a cantar blues, la música del diablo. Desconsolado y repudiado por todos, Robert, que hasta la fecha era un guitarrista y cantante muy mediocre, desaparece de escena.

Año 1929

Ha transcurrido ya un año desde la muerte de Virginia, y durante este tiempo nadie ha vuelto a saber nada de Robert. Son House —el antiguo predicador y ahora gran músico de blues— que, como un tiburón domina los escenarios locales, donde Robert, casi un niño, no es más que un pequeño jurel, se siente satisfecho y descansado, porque realmente Robert es bueno con la armónica y el arco *diddley* —una especie de guitarra *slide* casera de una sola cuerda—, pero personalmente y musicalmente inmaduro, muy mediocre con la guitarra, sin técnica ni modulación vocal. En los conciertos, a pesar de su insistencia, no le dejan tocar con ellos, sólo, esporádicamente, alguna pieza en los intermedios, y aun así el público le silba.

En medio del drama personal de Robert, ha estallado otro colectivo: la Gran Depresión y el mundo rural se adentra en un pavoroso escenario de penurias aún más profundo. En este contexto, no es de extrañar que casi nadie se haya dado cuenta de la desaparición de aquel muchacho, expulsado de la granja donde su padrastro le maltrata, esposo y padre frustrado, músico fracasado, personaje condenado al olvido, que no tiene dónde ir, repudiado por su familia y lanzado —en soledad— al remolino furioso de un mundo en descomposición y crisis.

Pero repentinamente, tras ese año de silencio, cuando ya nadie le recuerda, un día Robert Johnson reaparece en el local —barrelhouse— donde va a tocar Son House y le pide que le deje actuar una vez más en sus juke joints.

El público, sorprendido al verlo y recordando tiempos pasados, se teme de nuevo lo peor. Entonces, Robert, en medio del bullicio y los rumores, agarra una guitarra con siete cuerdas, y repentinamente empieza a tocar los arpegios de la canción, acompañándose al tiempo con líneas de bajo, rítmicas, repetitivas e independientes, como si fuera la mano izquierda de un piano, mientras realiza la melodía solista con un dedal metálico que arrastra por las cuerdas, todo a la vez. Es una técnica que nunca nadie había visto antes.

Todos enmudecen, se quedan atónitos y escuchan sobrecogidos. Pero la sorpresa no ha terminado. Cuando Robert comienza a cantar, con voz segura, potente, pero afinada y modulada, no queda nada de sus chillidos conocidos, porque esa voz, salvaje, ronca, entonada, conmueve e impresiona a la audiencia, que nunca había escuchado nada parecido, un aullido que parece expresar los más profundos lamentos del infierno.

Todos quedan estupefactos, cautivados.

Al terminar la canción, un silencio sepulcral, rodea el local, todo el mundo sabe que acaban de escuchar al rey del Blues del Delta.

A Son House —como explica Scott Ainslie— entonces le sale del corazón una frase que marcará ya para siempre la biografía de Robert, y quedará para la historia: El otrora predicador Son House pontifica, al terminar de escuchar a Robert:

—Johnson debe haberse vendido el alma al diablo para poder hacer esto.

A partir de esa frase y dado su misterioso virtuosismo, nace la leyenda. Se rumorea que Robert ha hecho un pacto con el diablo, una oscura sombra terrible y alargada, en un cruce de caminos. El propio Johnson alimenta el rumor insinuándolo en algunas de sus canciones.

También hay quien dice que, durante ese año que había estado fuera de los escenarios, se le había visto tocar y cantar para los muertos, de noche, en los cementerios de Hazlehurst, Robinsville o Beauregard, aullando como un lobo, solo o en compañía de otro gran guitarrista: Isaiah 'Ike' Zinnermman, que parece haberle acogido en su casa.

La leyenda de aquel músico diabólico, que había estado un año tocando para los muertos en los cementerios, antes de ir a hacerlo para los vivos, y su pacto con el demonio en un cruce de caminos a medianoche, corrió, como un reguero de pólvora que incendió todo el Delta.

Arrastrando aquel pesado fardo de desgracias, fama y de soledad, Robert no tenía un lugar fijo para vivir. Errabundo iba de pueblo en pueblo, vivía junto a los bares y tiendas, y siempre había una casa —y una mujer— para cobijarlo.

Casado y enviudado dos veces, con un hijo muerto y otro nacido fuera de los dos matrimonios anteriores, con multitud de acompañantes ocasionales, durante unos pocos años, Robert se convirtió en una leyenda viviente, una estrella rutilante pero fugaz, que se apagaría cuando apenas se cumplían 27 años de su nacimiento, en 1911, como el undécimo hijo de Julia Mayor, su madre, a su vez nacida en 1874, todavía como hija de esclavos.

Robert Johnson, también tendría el luctuoso honor de ser el fundador y primer miembro del llamado club de los 27, grupo que reúne a los y las grandes de la música consumidos prematuramente a esa misma edad. Genialidades desdichadas que, al morir, se añadirían a la luctuosa lista, dejando una huella indeleble, chispas musicales brillantísimas y cegadoras, pero fugaces en la cruel y despiadada hoguera de la historia.

Larga vida en el recuerdo, pues, para Robert Johnson y a quienes gracias a su creatividad genial asumieron sus antiguas canciones y continuaron su legado, escondido y olvidado en un cajón durante un cuarto de siglo.

Y un recuerdo también para aquellas y aquellos otros músicos, geniales, que siguieron desgraciadamente el mismo terrible destino final, muriendo todos —¿caprichos del diablo?— a sus 27 años:

2/12
El diablo de las seis cuerdas

Brian Jones (Bajista de Stones) 1969 - Ahogamiento
Jimi Hendrix (Guitarrista) 1970 - Sobredosis
Janis Joplin (Cantante) 1970 - Sobredosis
Allan Wilson (Guitarrista de Canned Heat) 1970 - Sobredosis
Jim Morrisson (Cantante) - 1971 Accidente Cardíaco
Ronald Mackernan (Teclista de Gratefull Dead) 1973 - Cirrosis
Dave Alexander (Bajista Stooges) 1975 - Pancreatitis
Peter Ham (Guitarrista de Badfinger) 1975 – Suicidio
Chris Bell (Guitarrista Big Star) 1978 - Accidente de automóvil
Mia Zapata (Cantante de The Gits) 1993 -Asesinato
Kurt Cobain (Guitarrista Nirvana) 1994 – Suicidio
Kristen Pfaff (Guitarrista de Hole) 1994 - Sobredosis
Amy Winehouse (Cantante) 2011 - Intoxicación etílica

Escanear el QR para escuchar
Robert Johnson - Me and The Devil Blues

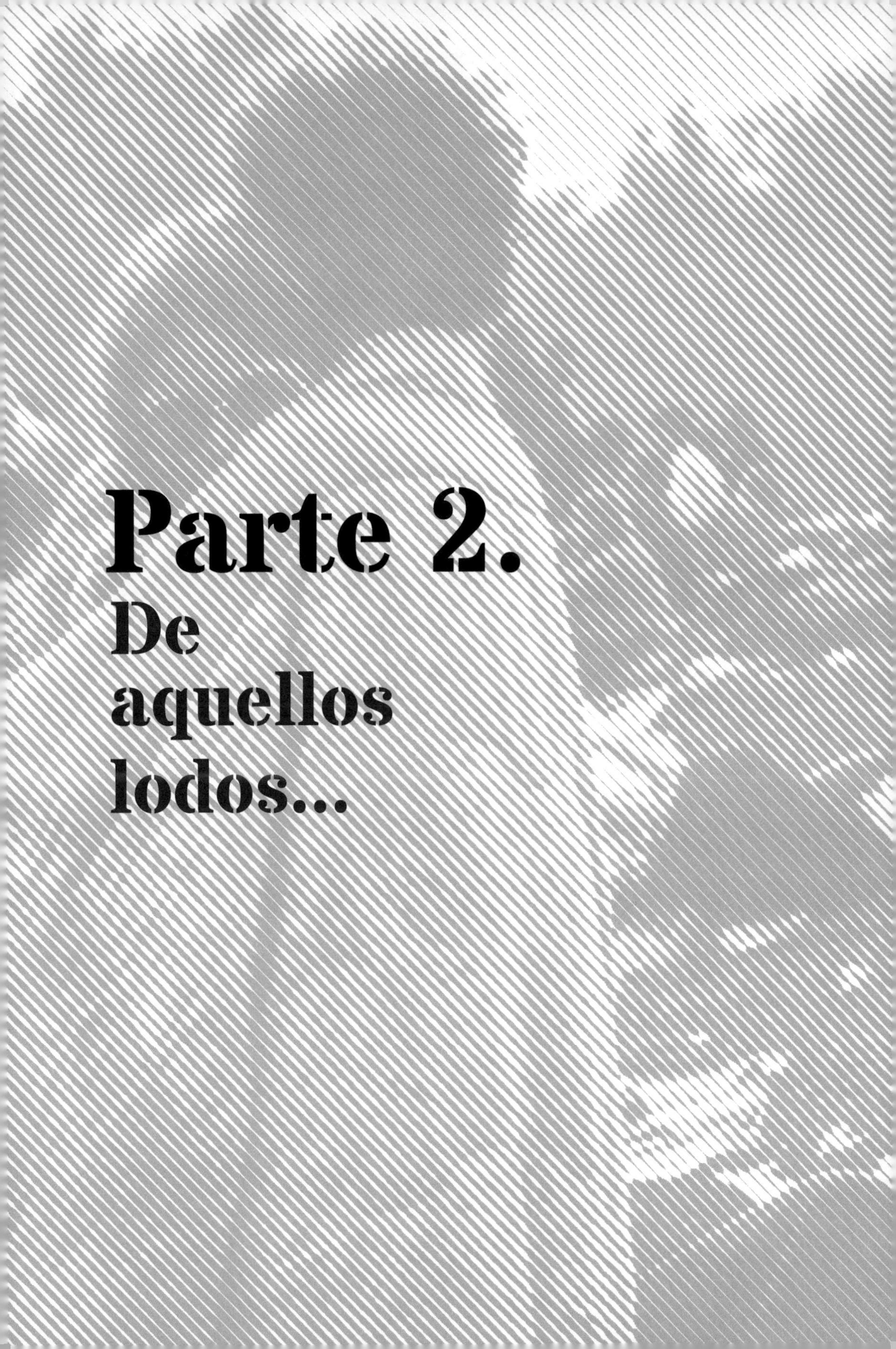

Parte 2.

De aquellos lodos...

3/12

Amor más allá de la muerte

«Creo que le di coraje para escribir y no tirar la toalla.» (Marianne Ihlen)

Situemos nuestra historia en la mitad de los años cincuenta: Un joven Leonard Cohen, con apenas 20 años, un muchacho canadiense, un vagabundo que prueba suerte trabajando en diversos oficios, un joven bohemio, escritor y académico, influenciado por Walt Whitman o Federico García Lorca, con ansias de poeta, pero aún por reconocer, con apenas alguna publicación prometedora, va en busca del camino de su expresión artística.

Con un solo libro de poemas editado hasta entonces, Leonard se encuentra en un momento turbulento e inseguro de su carrera, enfrentándose a su personal *Crossroads*, a su cruce de caminos, donde deberá escoger entre la música y la poesía (o quizás fusionar ambas).

Es en este momento de transformación personal, cuando por caprichos del destino, Cohen abandona la universidad que define como «pasión sin carne, amor sin clímax», y decide romper con todo, abandona también los ambientes bohemios de Nueva York y Montreal y recala, en solitario, en una isla perdida de Grecia: Hydra, en las Salónicas, donde intenta, en una voluntaria y solitaria reclusión introspectiva, encontrar el camino, profundizar y avanzar en su prometedora, pero escasa producción poética.

Imagino a un Leonard solitario, inseguro, en un ambiente bohemio —por definir suavemente lo que ocurría en Hydra, compartiendo su vida y sus experiencias con otros escritores afincados, famosos por sus excesos, como George Johnston y Charmian Clift— un muchacho que avanza a tientas, inseguro, dudando de su talento e intentando sin demasiado éxito algunas nuevas publicaciones de poemas.

De aquellos lodos...

Cohen, sin duda, sentía que se encontraba en un momento personal crítico de su carrera, buscando su lugar, anhelando un reconocimiento que no llegaba, a pesar de los esperanzadores trabajos literarios desarrollados y del esfuerzo por sustentar una disciplina y mantener su creatividad despierta y activa.

Repentinamente, como un exitoso Robert Johnson después del cruce de caminos, pactando o no con el diablo, Leonard renace de sus cenizas, y sólo unos pocos años más tarde, en 1967, Cohen-poeta se convierte en un músico y compositor reconocido, con su primer disco *Songs of Leonard Cohen*, que contenía el éxito de «Suzane».

¿Qué había pasado en aquella perdida isla de las Salónicas? ¿Qué eventos transformaron el poeta y le abrieron el paso a la creatividad, al éxito y al reconocimiento como músico? ¿Qué sucedió allí?

Seguramente, el propio Cohen, ya más maduro y sereno, nos confiesa, indirectamente, su secreto, en su segundo disco, *Songs from a Room*.

Me centro en este segundo disco porque creo que es en él, donde Leonard nos muestra las pautas, nos da la respuesta al cómo y al porqué de esta radical transformación. Nos lo dice en clave musical dentro del mismo disco, y lo repite en la contraportada del álbum, en un hermoso y explícito relato gráfico, poético y potente, muy naif, donde encontramos una maravillosa fotografía de Marianne Ihlen, la joven noruega que Leonard Cohen había conocido en Hydra, la muchacha/mujer/madre/amiga que se convirtió en su musa y que le había hecho despertar y crecer como artista.

Cohen la inmortalizó musicalmente, ¡ya hace más de medio siglo!, en la célebre canción que lleva su nombre: «So Long Marianne».

En la contraportada de este álbum (en las primeras ediciones), vemos en blanco y negro, en una fotografía doméstica, el interior de la pequeña barraca en la que vivían juntos. Sobre un suelo de

toscos tablones se levantan paredes desnudas, enlucidas con cal. Al fondo, unos ventanales tronados, casi destartalados que, aunque cerrados, apenas impiden el paso de una luz vivísima, cruda, áspera, mediterránea, que se filtra por toda la pieza, iluminando el escaso mobiliario.

Una pequeña cama a la derecha y una mesa en primer plano con algunos objetos cotidianos encima completan el entorno y dan contexto al relato.

Quizás cerca —pero fuera de imagen— la guitarra española donde Leonard ha aprendido los primeros acordes... y, en este escenario, junto a una segunda mesa, pequeña y antigua, repleta de libros y papeles, se nos va la mirada hacia una figura de sonrisa vivísima, que capta de inmediato nuestra atención.

Y allí vemos a Marianne, serena, sentada en una silla rústica, probablemente recién levantada, quizás envuelta en una toalla, escribiendo, (o haciéndolo ver) en la pequeña Olivetti verde, donde, por su inspiración brotaron tantos poemas y canciones de Leonard.

Estoy seguro, por la mirada cómplice de Marianne, de que fue el propio Leonard Cohen quien tomó esa foto.

En el momento de la improvisada —casi furtiva— fotografía, ellos aún no lo sabían, pero «So long —hasta siempre— Marianne», sería una de las más hermosas canciones de Leonard.

Now so long, Marianne
It's time that we began
To laugh and cry and cry and laugh
about it all again

Hasta la vista, Marianne,
es hora de que empecemos
a reír y a llorar, a llorar y reírnos
de todo ello otra vez.

Well you know that I love to live with you
But you make me forget so very much
I forget to pray for the angels
And then the angels forget to pray for us

Sabes que de verdad me encanta vivir contigo,
pero me haces olvidar tantísimo.
Me olvido de rezar por los ángeles,
y luego los ángeles se olvidan de rezar por nosotros

En definitiva, la representación de una casi anónima pareja, viviendo con felicidad el presente, en Hydra, una pequeña isla paradisíaca, en una barraca sin luz ni agua corriente... años sesenta...

Lo relata Marianne en el libro escrito por Kari Hesthamar:

> **«Vivíamos bajo el sol, descalzos. Éramos muy pobres, pero muy felices. No había agua corriente, ni coches, sólo algún burro... tardamos en tener electricidad.... creo que le di coraje para escribir y no tirar la toalla».**

Aquella era una mujer extraordinaria, silenciosa y alegre, que padecía su propio infierno personal —abandonada con su hijo en aquella remota isla, por su compañero y padre, el escritor noruego Axel Jensen— Marianne fue la musa que despertó la creatividad y la inspiración para un Cohen angustiado e inseguro, en busca de sí mismo, en su viaje iniciático.

«So Long» es el tema de una de las canciones de amor más bellas de todos los tiempos, reflejo también de los altibajos y dificultades de cualquier relación.

Escribe Cohen:

> **«Siempre debes amarme, Marianne, nunca me dejes. Quizás estemos entre los pocos que realmente pueden ser buenos juntos. Hemos luchado, hemos estado locos por los celos y la maldad, y siempre encontramos el camino de regreso el uno al otro».**

Pensando quizás en la oscuridad de aquellos días, después escribiría Cohen:

> **«Todo tiene una grieta y así es como entra la luz».**

Pero el tiempo pasó y el mundo siguió girando para todos, también para Leonard y Marianne, que hoy ya no están con nosotros, aunque sí que nos acompaña su recuerdo. Muy especialmente el recuerdo de su último encuentro, porque, curiosamente, pasados muchos años después de «So Long», en el disco póstumo de Leonard *Thanks for the Dance*, —que fue editado cuando el poeta, ya había físicamente desaparecido— Leonard todavía dedicaba de nuevo a Marianne una canción: «Moving On»:

3/12
Amor más allá de la muerte

Amé tu cara, me encantó tu cabello
Tus camisetas y tu ropa de noche
En cuanto al mundo, el trabajo, la guerra
Los abandoné a todos para quererte más

Y ahora te has ido, ahora te has ido
Como si alguna vez hubiera un tú
¿Quién rompió el corazón y lo hizo nuevo?

Cohen grababa la canción el día que se enteraba de la muerte de Marianne... Consciente de la proximidad de su propio final, Leonard le había escrito, también, una carta de despedida.

Querida Marianne,

Estoy justo detrás de ti, tan cerca que podría tomar tu mano.
Este viejo cuerpo se ha rendido, al igual que el tuyo, tanto, que creo que iré detrás de ti muy pronto.
Nunca he olvidado tu amor y tu belleza. Pero eso ya lo sabes, así que no es necesario que diga nada más. Te deseo un viaje tranquilo, mi vieja amiga. Nos vemos por el camino. Todo mi amor y agradecimiento.

Leonard

Marianne moría el 28 de julio del 2016, Leonard el día siete de noviembre. Era como si, cerrando el ciclo vital, el espectro de Leonard —el hombre que nunca fue viejo porque jamás fue joven— extendiendo la mano, quisiera todavía hacer realidad su deseo y acariciar el espíritu de Marianne, su musa, más allá de la muerte.

Escanear el QR para escuchar
Leonard Cohen - So Long

4/12

¿La historia del triángulo más famoso del rock?

Something in the way she moves. Soledades en el grupo genial

«Ringo no es el mejor batería del mundo. Ni siquiera es el mejor batería de los Beatles.» (Atribuida a John Lennon)

Situémonos en el año 1968, en que se cumplirá el primer aniversario de la desgraciada muerte de Brian Epstein, representante e ideólogo de los Beatles.

Buscando nuevos horizontes e inspiración, los cuatro de Liverpool se han reunido en un retiro espiritual con el gurú Maharishi Mahesh Yogi. Hacia mitad de abril, a la vuelta de la India, John, George, Ringo y Paul, un tanto cansados del periplo oriental, pero repletos de ideas se encierran en los estudios de Apple, cada vez más ausentes, intentando grabar el *Disco Blanco* y avanzar en la creación de su nuevo sello discográfico Apple, para el que están incorporando nuevos y prometedores valores musicales, como Mary Hopkin, Jackie Lomax o James Taylor.

Las sesiones para el *White Album* en EMI / Apple se inician el día 30 de mayo. Cada Beatle se centra en sus temas, porque ahora ya son cuatro individualidades, John y Paul, socios, colaborando y compitiendo por liderar el grupo. George, en soledad, menospreciado, tratado por ambos y por el productor George Martin como un compositor menor. Ringo, ausente.

The Beatles son ya poco más que un conjunto deslavazado de individualidades, John y Paul componen y se reparten el disco, Ringo, cansado de la situación y de la soledad, se ha marchado, los ha dejado y se ha ido de crucero a Cerdeña— donde compondrá «Octopus's Garden» — con su amigo Peter Sellers, abandonando al grupo.

> **«Abandono el grupo porque no toco a gusto, no me siento querido y vosotros tres estáis muy unidos.»**
> (Ringo a Paul y John)

Así las cosas, Paul, es quien acaba grabando las pistas de batería, en temas como «Back in the USSR», o «Dear Prudence».

Aún a pesar del sincero aprecio que todos sus compañeros de grupo le tienen, una frase representa la penosa situación de individualidades, frase que se atribuye a la afilada lengua de John Lennon (aunque posiblemente quien la expresó fue Geoffrey Perkins en 1983):

> **«Ringo no es el mejor batería del mundo. Ni siquiera es el mejor batería de los Beatles.»**

En medio de la vorágine, Paul reconoce:

> **«A veces, en la vida, tienes que pararte un momento y decir a alguien: "Tío, eres genial". El rock es pura intuición, ritmo y sonido, y Ringo era genial en eso».**

Finalmente, Ringo, en Cerdeña, recibe un telegrama de sus compañeros:

> **«Eres el mejor batería de rock del mundo. Vuelve a casa, te queremos».**

Ringo regresará, entre el entusiasmo y el reconocimiento de sus compañeros, que cubren con flores su batería y, con sincera alegría, celebran una fiesta por todo lo alto.

Pero, entre banzados de inseguridad y abandonos, George Harrison también se siente solo. Ringo, ni siquera se ha despedido de él... John y Paul forman un tándem creativo que trabaja sus canciones desde el inicio del grupo, en una dinámica y con unos hábitos que no dejan espacio para George; no le toman en serio. Cuando, para el *Álbum Blanco* les ha presentado el tema «While my Guitar Gently Weeps», ni siquiera han intentado tocarla. De hecho, se siente tan desvinculado de sus compañeros de grupo, que llama a Eric Clapton, quizás su mejor amigo, para que le acompañe y le apoye musicalmente en esta canción.

Pero a pesar de todo, el show debe continuar, el disco debe salir y mientras se trabaja frenéticamente en varias salas y estudios de grabación a la vez, en un descanso, George, se mete en un estudio vacío.

Quiere estar solo, quizás piensa en el derrumbe del grupo. Queda lejos la ilusión de los primeros años, en el Cavern o en las locas noches de Hamburgo cuando tocaban inflados de anfetas en el Barrio Rojo y vivían en las sucias habitaciones del cine Bambi Kino, propiedad del dueño del club en que hacían sus actuaciones, interrumpidas abruptamente al ser George repatriado por ser menor de edad...

A George le pesan los recuerdos del pasado. Siente ahora la decepción de los alocados conciertos, tocando medio aturdidos y mareados por la multitud. En algún caso, Ringo, literalmente mareado en tarimas montadas sobre escenarios rodantes mientras intentaba averiguar por dónde iba la canción siguiendo el ritmo de los traseros de sus compañeros.

Absurdas giras casi circenses en los estadios y enormes espacios abiertos en los que apenas se podía escuchar su música silenciada por el ensordecedor griterío del público. Está harto de la presión mediática, de los compromisos, de los intereses y los negocios musicales y no musicales vinculados a Apple.

George, Pattie, Eric. Un tormentoso triángulo.

Pero, sobre todo, a George, le pesa, le hunde, el sentimiento y la amargura de sentir que sus compañeros no le han apreciado musicalmente. No han reconocido ni valorado sus composiciones, sólo le han aceptado cuatro canciones para el disco que están grabando... Un doble álbum de 30... La soledad en el grupo genial, la incomprensión... ni siquiera está seguro del amor de Pattie (Boyd), su apoyo, su compañera y esposa, cálida y bella, que acabará en unos años dejándolo por Eric (Clapton) quien siempre la ha amado en silencio...

Por su lado, Clapton, desnortado por las negativas de Pattie a sus insinuaciones, e inspirado por el libro *La historia de Layla y Majnun* —que desarrolla la desesperada vida de un hombre enamorado de una hermosa e inalcanzable mujer llamada *Layla*, casada con otro—, acabará componiendo la canción «Layla», para Pattie, con el espectacular violento y desgarrado riff de las tres guitarras superpuestas, quizás como símbolo del triángulo en el que están metidos.

Caerá luego Clapton en los excesos de la droga y la depresión. Ninguno de los tres protagonistas, vértices de este triángulo es un santo, aunque quizás la grandeza de su arte los redime.

Pero volvamos al año 1968 y a los estudios de grabación de EMI/Apple en Abbey Road.

Ahora quiero imaginar a George, en el eco del estudio vacío, solo, durante el descanso, con su guitarra...

George, en el eco del estudio vacío.

4/12
¿La historia del triángulo más famoso del rock?

En el silencio, su mente comienza a formar, repentinamente, una cadena de armonías, mientras una frase le da vueltas, obsesivamente, en su cabeza:

—...*Something in the way she moves*...— Se trata de la letra de una canción que acaba de escuchar en el estudio de al lado, en las pruebas de sonido de un tal James Taylor, un nuevo fichaje de Apple. Un desconocido, un crío. Un chico tan joven que ha venido a firmar el contrato acompañado de su padre.

La música aparece en súbitas oleadas y va encajando en esa frase escuchada al vuelo, entonces, la canción «Something» comienza a tomar forma, literalmente, de este modo, durante la grabación del *Álbum Blanco*.

Finalmente, el tema cobrará vida en el siguiente álbum de los Beatles, *Abbey Road*, en 1969. Esta es la verdadera inspiración de la canción, que contrariamente a lo que se dice, no fue compuesta por Harrison para Pattie Boyd, que terminaría —¡ay el destino!— casándose finalmente con Clapton unos años después, separándose posteriormente.

La canción queda, y sobrevive a su autor, al escenario y a sus protagonistas. «Something» es hoy el tema más versionado de los Beatles (después de «Yesterday»). Mucha gente piensa que es de Paul.... *All Things Must Pass*...

Escanear el QR para escuchar
James Taylor - Something in the way

Escanear el QR para escuchar
The Beatles - Something

5/12

Emociones baratas

«Caímos uno en los brazos del otro como por una especie de proceso de eliminación.» (Leonard Cohen)

«Haré la portada del álbum, pero lo único que quiero es, cuando conozca a Janis, poder pellizcar su teta.» (Robert Crumb)

1968 fue un año crucial para la tejana Janis Joplin, Su nuevo disco, *Cheap Thrills*, publicado en el mes de agosto, se mantuvo en el puesto número uno durante ocho semanas, mientras que el sencillo, «Piece of My Heart», también se convirtió en un gran éxito.

A finales del año, *Cheap Thrills* fue reconocido como el álbum de mayor éxito de 1968. A los tres días de la publicación ya era disco de oro y durante el primer mes se vendieron más de un millón de copias. Muchas son las leyendas e historias que rodean este disco, las canciones que lo componen y los diversos actores que, por el destino o el azar se entrelazaron en su turbulento desarrollo.

Janis Joplin, Cohen, Chelsea Hotel y «Me and Bobby McGee»

Janis, era un espíritu libre, mujer excesiva en todo, vibrante en su fuerza, apasionada en su entrega al público en cada canción, pero al mismo tiempo insegura, vulnerable y voluble. Enganchada a la soledad, al alcohol y las drogas, afirmaba

HC
222

que hacía el amor con 25.000 personas en el escenario pero después volvía a su casa, o al hotel en soledad... ¿Sola? Quizás no siempre.

Una noche de primavera, de 1968, a las tres de la madrugada, con un sordo chirrido, aparca una limusina negra junto a la acera, delante Hotel Chelsea, calle 23, en Nueva York, la ciudad que nunca duerme.

El imponente hotel, enorme construcción gótica de ladrillo rojo, con 400 habitaciones, aloja o ha alojado a personajes como Dylan Thomas, que había muerto en su habitación 206, después de tomar 18 whiskies seguidos, o en la 100, donde Sid Vicious apuñaló a Nancy Spungen.

Entre las paredes de las habitaciones de aquel hotel escribían sus obras Charles Bukowski, Allen Ginsberg, William S. Burroughs, Jackson Pollock o Arthur Miller.

En su bar se relacionaban personajes como Jimi Hendrix, Jim Morrison, Bob Dylan (que adoptó el nombre del propio Dylan Thomas). En su bar abrevaban grupos como The Grateful Dead, Procol Harum... Allí había escrito Arthut C. Clarke *2001: Odisea del espacio* o Kerouak *On the Road*. Allí Andy Warhol rodaba *Chelsea Girls*...

En el Chelsea recalaban también Robert Mapplethorpe con Patti Smith confesando al gerente —«Soy Patti Smith, él es Robert Mapplethorpe, fotógrafo, y no tenemos dinero. Pero pronto seremos famosos y podremos pagarle»— dejando sus fotografías en depósito, colgadas en el *hall* para pagar el alquiler de la habitación, la 1017, la más pequeña del hotel...

Desde las ventanas que dan a la calle 23 se aprecia cómo, de aquella limusina, emerge una figura femenina menuda, una cantante que con su banda Big Brother and the Holding Company, está en la ciudad estos días, grabando las voces y últimos arreglos de su segundo álbum, *Cheap Thrills*. Con paso rápido, quizás un poco tambaleante, un cigarrillo en la mano, se introduce bajo la larga marquesina mal iluminada y entra por la recepción. En el Chelsea Hotel, nadie pregunta nada y todo puede suceder. La mujer se dirige directamente a los dos lentos y anticuados ascensores del hall para entrar en uno que milagrosamente parece estar funcionando.

Por una casualidad del destino, en la habitación 424 del hotel, se hospeda un hombre tímido, inseguro y solitario que, con sus 33 años, se le supone viejo para ser cantautor y joven para ser poeta. Músico con un primer éxito —«Suzzanne», éxito que ha grabado Judy Collins— aún busca afianzarse como artista y compositor. Hacia medianoche, este hombre solitario ha salido a cenar en Bronco Burguer una hamburguesa que le ha sentado fatal, luego, en soledad, se ha acercado al bar

White Horse Tavern de Greenwich Village a tomar unas copas y disfrutar de la música, y de vuelta al hotel, cuando ya está dentro del destartalado y lento ascensor art decò cuya puerta va a cerrarse, en el último segundo, por un resquicio se cuela una joven menuda y llamativa, de ojos grandes y desvergonzados tras una enormes gafas de cristales redondos.

Las miradas de los dos sorprendidos viajeros se cruzan por un segundo, y ambos se reconocen, mientras la puerta se cierra y el ascensor con un gemido inicia su lento movimiento.

Superada la sorpresa, para romper el incómodo silencio él pregunta:

— ¿Estás buscando a alguien?

— Sí. Estoy buscando a Kris Kristofferson.

—Señorita, estás de suerte, soy Kris Kristofferson.

Al llegar al cuarto piso, el ascensor se detiene bruscamente con un estertor, la conversación abandona la broma y los lugares comunes. Nuestros protagonistas se miran fijamente, ella sonríe burlona, entonces, salen del ascensor y avanzan, juntos, hacia la habitación 424.

Así fue, como por casualidades del azar y las soledades, en el Hotel Chelsea de NYC, a las tres de la madrugada, Janis coincidió en el ascensor con un casi desconocido e inseguro Leonard Cohen que, solitario, buscaba su camino al éxito en esta ciudad insomne.

Tras el encuentro, que les dejó un cierto poso de tristeza a ambos, diría Cohen:

—«Ella no me estaba buscando a mí, y yo no la estaba buscando a ella, pero caímos en los brazos del otro como por un proceso de eliminación».

Janis se limitó a comentar un tiempo después algo así como: «Creo que no tenía un buen día».

Unos años después Cohen escribiría la canción «Chelsea Hotel #2» recordando aquel episodio entre ambos, con una letra bastante explícita, por la que más tarde pediría disculpas al espíritu de Janis —ya desaparecida.

Por su parte, Janis poco antes de morir grababa «Me and Bobby McGee», la canción escrita para ella por Kristofferson, el hombre que realmente buscaba aquella noche en el Chelsea Hotel, y que compondría para ella esa canción que se convertiría también en número uno.

Y así el círculo se cerraba.

5/12
Emociones baratas

Leonard y Janis.

«I remember you well in the Chelsea Hotel
You were talking so brave and so sweet
Giving me head on the unmade bed
While the limousines wait in the street (...)
You told me again you preferred handsome men
But for me you would make an exception.»

«Te recuerdo bien en el Chelsea Hotel
Eras famosa, tu corazón era una leyenda
*Dándome tu cabeza sobre la cama deshecha**
Mientras la limusina esperaba en la calle
Me dijiste de nuevo que preferías a los hombres apuestos
Pero que por mí harías una excepción.»

Tras el lanzamiento del álbum *Cheap Thrills*, y ya en diciembre de 1968, Janis Joplin decidió dejar el grupo para relanzar su carrera formando la Kozmic Blues Band. En 1969 actuaba con enorme éxito en el festival de Woodstock y al año

* («Dándome tu cabeza» *–Givin' me head–* en inglés, tiene una connotación de carácter sexual: «Dándome sexo oral»).

siguiente, mientras grababa el disco *Pearl*, el día 4 de octubre moría, sola, en otra habitación, de otro hotel (Landmark Motor Hotel), de otra ciudad (Los Angeles), en circunstancias confusas, ya que parecía que se había liberado de su adicción a la heroína.

La otra historia escondida detrás de *Cheap Thrills*

Sin dejar de lado el tema musical, este disco, aporta también un elemento estético e ideológico importante: La colaboración del dibujante Robert Crumb en la portada.

Hacia la mitad del siglo pasado, el dibujante, ilustrador y músico —con su grupo Cheap Suit Serenaders— Robert Crumb ideaba y desarrollaba el concepto de Cómic Underground, creando una brillante, ácida y lúcida historia artística e ideológica absolutamente al margen de la rutinaria industria comercial establecida al uso, a la que odiaba de forma obsesiva y visceral.

Utilizando el esquema formal de las tiras cómicas habituales en la prensa, Crumb las reinterpretaba, les daba la vuelta y, usando este formato, desarrollaba en Zap Comix historias y mensajes que hablaban sobre sexo y política, algo absolutamente revolucionario para la América puritana de los años cincuenta y sesenta, sobre todo teniendo en cuenta que el cómic en Estados Unidos, —no digamos ya en España con Roberto Alcázar, el *Capitán Trueno o el TBO*— se producía y comercializaba con contenidos blandos, blancos e intrascendentes, pensados exclusivamente para el entretenimiento y un cierto adoctrinamiento de una audiencia infantil y juvenil.

Esta nueva técnica y planteamientos estéticos e ideológicos de R. Crumb plasmados en sus historias gráficas, provocaron un gran escándalo social, a la vez que generaban un importante eco en el mundo de la contracultura.

El diseño y dibujo de la portada de *Cheap Thrills*, inicialmente, debía consistir en una fotografía de Janis, con su grupo, desnudos, en una cama, propuesta a la que la puritana y conservadora discográfica Columbia Records se negó, igual que se había negado a aceptar el título inicial del álbum: *Sex, Dope and Cheap Thrills.*

Ante la negativa de Columbia, quedó como título del álbum, *Cheaps Thrills* y respecto de la portada, Janis, aficionada y entusiasta de los cómics, dirigió su mirada hacia Robert Crumb quien, además de músico, era también un gran coleccionista de discos de época, la mayoría de blues y jazz... Imagino que Robert no podría evitar esta colaboración con Janis Joplin, colaboración a la que inicialmente se negó —a pesar de la jugosa oferta económica de la discográfica, a la que respondió textualmente: «No quiero el sucio dinero de Columbia».

De hecho, Crumb, a pesar de su larga trayectoria diseñando álbumes y cartelería musical, siempre prefería trabajar en proyectos musicales y gráficos relacionados con el jazz, blues, country y folk, y no de rock. Hasta se había negado a hacer una portada para los Stones, pero con Janis fue diferente, aunque no sencillo:

—Haré la portada del álbum, pero lo único que quiero es, cuando conozca a Janis, poder pellizcar su teta.

Crumb, siempre transgresor, despreció la substanciosa oferta económica. No quería dinero (que en absoluto le sobraba). Sólo pidió, a la propuesta de la portada, una absurda y misógina condición (muy propia de él), textualmente la historia dice que contestó a la petición que le hicieron los representantes de Janis: «Sí. Haré la portada del álbum, pero lo único que quiero es, cuando conozca a Janis, poder pellizcar su teta», lo que sucedió, finalmente, después de que el disco saliera a la venta en agosto de 1968. El acuerdo se cerró medio en broma, en una fiesta.

Según cuentan los presentes, Janis sólo dijo: «¡Oh, cariño!».*Cheap Thrills* contribuyó a descubrir a Robert Crumb —polémico, ideólogo y provocador, dibujante, músico, coleccionista de discos— cuya obra es esencial para quien quiera seguir la historia del cómic y la contracultura de los sesenta y setenta.

Robert Crumb, Janis Joplin, Leonard Cohen... Almas gemelas, solitarias, lúcidas, introvertidas, excesivas en sus obsesiones, inseguras, brutalmente sinceras, necesariamente debían encontrarse, y fue precisamente en *Cheap Thrills.*

Escanear el QR para escuchar
Leonard Cohen - Chelsea Hotel #2

Escanear el QR para escuchar
Janis Joplin- Me And Bobby McGee

6/12

Un genio, dos madres y una maldición

Madre, tú me tuviste a mí / pero yo nunca te tuve a ti / Padre, me dejaste / Pero yo nunca te dejé a ti

«John, la guitarra está bien como hobby, pero nunca te ganarás la vida con ella.» (Tía Mimi a John Lennon adolescente)

Año 1927. Liverpool. El parque Sefton, hacia el sur de la ciudad, es un amplio espacio verde que constituye el pulmón de una gran conurbación de la segunda ciudad del Reino Unido.

En medio del parque encontraremos un gran lago de aguas tranquilas, en el que desembocan dos arroyos que bordean y van enmarcando los diferentes espacios verdes que se pueden recorrer siguiendo los serpenteantes senderos y los caminos que circularmente recorren las densas arboledas y campos de césped, cobijo de pájaros y otros animales silvestres. Un lugar ideal para el paseo de dos enamorados.

Y eso es lo que hacen Alf (Alfred) Lennon y Julia Stanley.

Alf, a sus 15 años, es ya un perfecto *gentlemen*, con bombín y modos de adulto, porque, a pesar de su cara de niño, ha vivido mucho. Hijo de James Lennon —comerciante— y Mary Maguire, ha tenido 14 hermanos y hermanas, de los que sólo seis han sobrevivido. Su padre murió cuando él era un niño, y la madre le llevó a un orfanato del que a menudo se ha escapado para ir con *troupes* de teatro y music hall, porque quiere ser músico y hombre de la farándula.

Sefton Park, Liverpool.

Julia, una chiquilla de cara luminosa y ojos vivaces, con apenas 14 años recién cumplidos, vive en el barrio de Toxteth, justo al lado del Parque y le gusta ir a pasear por aquel lugar con sus amigas. Es casi la menor, la cuarta de las cinco hijas de la familia Stanley, una familia razonablemente acomodada. Su padre, George Ernest Stanley, marino mercante y actuario de seguros, es persona muy estricta, de mentalidad victoriana, en cierto modo temida por toda la familia, pero George pasa mucho tiempo embarcado y quien —afortunadamente para Julia que es la rebelde de la familia— lleva la casa, es la madre Annie Jane, quien le enseña a tocar el piano y el banjo.

Volvamos ahora la mirada, de nuevo, a nuestra pareja. Esa misma tarde de 1927, en el Parque Shefton, Julia y Alf, —almas gemelas, sin padre él y ausente el de ella— se encuentran solos por primera vez y apenas empiezan a conocerse.

Igual que los arroyos del parque Shefton, con el paso del tiempo, las vidas de Julia y Alf se irán entrecruzando y enlazando esporádicamente, musicalmente tocarán juntos, en actuaciones informales en pubs y bares, y, finalmente, en 1938, se casarán en secreto, por la oposición frontal de la familia Stanley. No se lo han dicho a nadie.

El gran día de la boda, entran en el juzgado, firman los papeles y se van a comer juntos a *Reece's Restaurant*. Llegada la noche, Julia vuelve a casa de sus padres y Alf se acuesta en el mismo barco en el que se ha enrolado, y que, al llegar la madrugada zarpará hacia el Caribe, iniciando así una constante ausencia que se irá repitiendo a lo largo de los años.

En uno de estos esporádicos y aleatorios regresos de Alf, Julia quedará embarazada.

Y así es, finalmente, y ya en plena segunda gran guerra, cómo en medio de una ciudad arrasada por las bombas, el día 9 de octubre de 1940 nace, en el Hospital Maternal de Liverpool, John Winston Lennon. El padre, Alf, sigue embarcado, ahora ya militarizado, pero cuando John tiene 4 años y apenas le conoce, Alf deja de enviar dinero a casa, deserta del ejército y abandona a Julia. Lennon pierde así a su padre, igual que Alf había perdido el suyo.

John Lennon y su madre Julia Stanley.

Julia, superada por la vida, busca otro compañero, del que queda embarazada —dando la hija en adopción—, y en medio de estas y otras varias peripecias, John acaba reclamado a los servicios sociales por la hermana mayor de la familia Stanley —Mary— y viviendo con ella.

Mary (Mimi) es la mujer fuerte, el eje y soporte de las hermanas Stanley, y quien apoya a la más pequeña (en este caso, a Julia).

Así es como un universo coral femenino rodea a John desde los primeros años de su vida y adolescencia. Una relación que orbita, especialmente, entre dos caracteres contradictorios pero complementarios: Una madre biológica, una mujer artista, cantante e intérprete, una bohemia desbordada por la vida —Julia—, y una madre adoptiva —Mimi— centrada, formalista y responsable. En la única fotografía conocida de Lennon con su madre Julia, ambos sentados, vemos a una mujer alegre, franca y deshinibida sonriendo a la cámara, con sus manos cosquilleando traviesamente las axilas de John para arrancarle —sorprendido— una sonrisa. En la foto con tía Mary —Mimi—, vemos a ambos en pie, un poco envarados, con sonrisas un tanto forzadas, y aunque el joven Lennon parece querer mantener las distancias Mary tira hacia sí de la mano de John, asiéndola firmemente, quizás para que no se desvíe del 'buen camino'... Ambas haciendo piña con el resto de hermanas Stanley conforman, unidas, un claustro de mujeres fantásticas, fuertes, bellas e inteligentes como el propio Lennon las describiría más tarde.

La tía Mary Stanley (Mimi) y John Lennon.

Apenas ha salido de la infancia cuando John quiere una guitarra y se la pide a Mimi, quien obviamente se la niega. John cambia la estrategia y busca el lado bohemio: Julia, que no sólo se la compra a hurtadillas, sino que además, le enseña a tocarla (aunque con técnica y acordes de banjo, que era su instrumento) y así, en casa de Julia tocan y cantan juntos las primeras canciones, todo ello mientras se supone que John está en la escuela. Obviamente, cuando Mimi se entera, explota el conflicto entre los tres.

Es entonces cuando Mimi le dice a John la frase que pasaría a la historia:

«John, la guitarra está bien como hobby, pero nunca te ganarás la vida con ella».

Nuestro John adolescente en realidad es un espíritu atormentado, se siente incomprendido, sufre una rabia, un malestar interior, indefinido, que lo corroe. Quizás piensa o siente que nunca ha tenido una familia de verdad, y compensa esta carencia con una actitud agresiva y chulesca de *teddy boy* precoz, gamberro, de porte inconformista e iconoclasta. Extremadamente inteligente y a veces manipulador, disfruta liderando a la gente, y a menudo desestabilizando a las familias de sus amigos, cuyos padres le odian y temen a la vez.

Su espíritu rebelde, su mordacidad le preceden, y también esconden, a la vez, esa carencia de cariño y de una familia.

John sigue experimentando con la música y también con su relación con la mujer «madre» (Mimi), y la mujer amiga «cómplice» (Julia), utilizándolas y dejándose también utilizar, y entrando, así, en una adolescencia prematura en un barrio marginal:

> **«Nunca me hablaron de sexo. Lo aprendí en las paredes de los wáteres. A los 8 años ya lo sabía todo».**

Su círculo de relación femenina pronto se amplía a las novias. Como líder de los Quarrymen, como *teddy boy* —gamberro portuario y desarraigado, a menudo agresivo—, la relación con estas chicas es caricaturescamente machista, superficial y estereotipada.

La compleja vida de John da otro vuelco a sus 17 años de edad, cuando el día 15 de julio de 1958 un policía fuera de servicio, conductor primerizo, atropella mortalmente a Julia. John se rompe, se cierra más y crece en él un odio incontrolable contra el mundo y hacia la pobre Julia, por haberlo dejado de esa manera absurda, cruel y repentina.

John necesitará quizás que transcurran doce años para curar esta herida y superar el recuerdo, con la canción «Mother», del disco *Plastic Ono Band*, una canción que comienza con unas fúnebres campanas tocando a muerte, que dan inicio, con una voz desgarrada, a un imaginario diálogo con su madre (y su padre):

Portada del disco, *Plastic Ono Band*.

«Mother, you had me
But I never had you (...)
Father, you left me
But I never left you (...)
I just got to tell you, mm (...)
Mama don't go
Daddy come home.»

Madre, tú me tuviste a mí,
Pero yo nunca te tuve a ti
Padre, me dejaste
Pero yo nunca te dejé a ti
Así que solo puedo decirte adiós
Madre, no te vayas
Padre, vuelve a casa».

Este disco era el primer álbum que editaba Lennon en solitario —fuera del contexto John/Yoko— después de la separación de los Beatles. En él Lennon nos manda un mensaje cuando nos presenta en la portada a John y Yoko, tumbados, serenamente, al abrigo de un gran árbol, tal vez símbolo de la madre y sin duda símbolo de serenidad. Un disco íntimo y crudo, desnudo, en el que tema a tema, John nos expone, públicamente, sus angustias y vulnerabilidades, como lo hace en la canción «Hold», o la ironía de «I found Out», o sus convicciones en «God»... Tema tras tema nos va desnudando su mundo interior. Un Lennon explícito, claro, que en cada canción quiere transmitirnos, con brutal sinceridad, algo profundo.

En los créditos interiores del disco, en la contraportada, un niño/Lennon de mirada perpleja y directa, nos interpela.

Con «Mother», Lennon nos lanza un canto visceral de rabia y de tristeza por la ausencia de la madre. John la compuso en medio de una terapia de tratamiento de traumas de infancia —Terapia Primal, del dr. Arthur Janov— que afirmó que constituía un hecho más importante para sí mismo que los propios Beatles.

Con esa confesión que Lennon nos comparte en «Mother», uno de los vértices de su experiencia vital 'la mujer-madre' quedaba quizás exorcizado. Pero en el otro extremo queda la 'mujer-compañera'...

Volvamos a los años sesenta, cuando John comienza una relación sentimental con Cynthia Powell, amiga y compañera de la escuela de arte donde juntos han estudiado, mientras despega la carrera musical de los cuatro Beatles junto a Brian Epstein de mánager.

Cynthia acompañará a aquellos Beatles tempranos, como una fan más, pero se queda embarazada de John, y deciden casarse en agosto de 1962. Al salir del registro civil, van a cenar, solos. John lleva a Cynthia al Reece's, el mismo restaurante, cerca de Clayton Square en que lo habían hecho sus padres Alf y Julia 24 años antes. El ciclo se repite.

En el año 1963, el 8 de abril, nace Julian —en recuerdo de Julia— Lennon, pero el matrimonio y el hijo se mantendrán en secreto por la presión de Brian

Epstein, mánager musical de los *fab four*, para que este hecho no afecte a la fama y la imagen de Lennon y los Beatles ante su público. A efectos de marketing, los Beatles deben ser «solteros».

Pero el voluble e imprevisible destino a veces gasta bromas pesadas... Cynthia se pone de parto a media gira de los Beatles, John no sólo no va a apoyarla cuando ella lo llama y lo necesita, sino que, apenas acabada la gira, en una morbosa experiencia que levantará ríos de tinta, Lennon se va de vacaciones a España con Brian Epstein —reconocido y beligerante homosexual, en una época harto difícil para este colectivo—. No será ésta su única escapada a España.

En definitiva, en el atormentado mundo de Lennon, John acaba haciendo con Cynthia y su hijo Julian lo mismo que su abuelo había hecho con Alf, y lo mismo que Alf, su padre, hizo con él y Julia, y lo que hizo Julia doblemente con él: dejarlo con la tía Mimi, y —aquí involuntariamente— abandonarlo, de nuevo, al morir atropellada.

En 1968 y después de muchas tensiones en su relación, Cynthia y John se separan. Lennon ya hace tiempo que ha conocido a Yoko Ono y se casa con ella en Gibraltar, en 1969.

Boda de John y Yoko en Gibraltar. Año 1969.

Parece que el espíritu atormentado de John ha descubierto a la mujer-compañera, igual y cómplice, creativa e independiente, y entonces, se produce la magia del encaje entre dos personalidades absolutamente excepcionales.

Es con Yoko con quien John controla y apacigua su agresividad, resuelve sus contradicciones personales y vence a los demonios interiores.

Quizás alguien dirá que Yoko rompió a los Beatles, pero en realidad se limitó a desvelar el mundo que renacía en John, cuando los Beatles ya no eran un grupo, sino un conjunto de cuatro individualidades geniales.

Con Yoko, John reencuentra el amor, y en 1975, después de bastantes complicaciones y dificultades, personales, políticas, de relación entre ambos e incluso de salud por parte de Yoko, nace Sean Lennon.

Yoko se ha convertido en la amiga, el complemento femenino, la compañera, confidente, imaginativa y sincera de John, quien transforma su rabia en paz interior, y quien hace estallar su genio, en una nueva espiral creativa.

A diferencia de «Mother», canción de rabia, de tristeza y resentimiento, su visión y recuerdo de la mujer-madre (Julia), se fusiona con la realidad de la mujer-compañera (Yoko), y, de esa serena fusión creativa nace la canción «Julia», en el *Álbum Blanco*, tema que, junto a «My mummy's Dead», es el único en la historia discográfica de los Beatles —229 temas— que es interpretado sólo con la voz y la guitarra de John, sin la participación de ningún otro Beatle (si exceptuamos «Blackbird» de sir Paul, también en el mismo álbum).

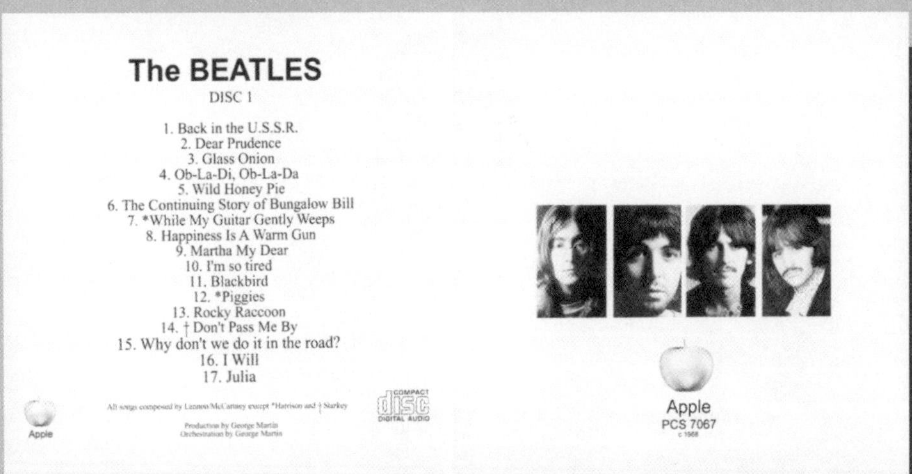

Créditos del volumen 1 del doble *Álbum Blanco*, con la última canción «Julia».

De esta forma, «Julia» es la canción que fusiona, en una sola, a las dos mujeres de su vida.

En la canción, John se refiere a Julia —su madre— como «niña oceánica» (ocean child) que es, en realidad, también, el significante de Yoko en japonés.

Cierra así la salida y la meta de la visión del mundo femenino en la vida de John Lennon. Una vida que no fue fácil ni sencilla, en ninguna de sus etapas, ni quizá coherente en ocasiones, pero nadie podrá negar que fuera plena, comprometida, sincera y vivida, a pesar de las contradicciones y los conflictos personales. Una vida llena de una brutal sinceridad que, dejando un generoso y sincero legado irrepetible, cambió el mundo.

Una vida que, en la noche del 8 de diciembre de 1980, según la crónica oficial un desequilibrado cortaba abruptamente con cinco disparos por la espalda, en el edificio Dakota.

La maldición renacía de nuevo, y Sean, después de Julian, John y Alf, se convertía en el cuarto Lennon que perdía a su padre a los 5 años.

Con John desangrado, agonizando en la noche, bajo el arco del hall del edificio Dakota, moría el genio y nacía el mito.

Escanear el QR para escuchar
J. Lennon - Mother

Escanear el QR para escuchar
J. Lennon - Julia

7/12

El tamaño sí importa

«Acabaron escogiendo mi foto. Y creo que se debió a mi pene: muchos de los otros bebés eran niñas.» (Spencer Elden en *Time*)

Corría el año 1987, cuando Kurt Cobain junto con Krist Novoselic inician una banda de rock que marcará la historia musical de la última década del siglo pasado: Nirvana.

A pesar de empezar a grabar con un sello local (Sub Pop), después de algunos convulsos cambios e incorporaciones, tanto de músicos como de productor, acaban firmando con el sello DGC Records de David Geffen, con Butch Vig de productor y Dave Grohl en la batería.

Con ellos la banda graba, en 1991, su álbum *Nevermind*, donde estalla su sonido grunge, brutal, potente, heredero del punk. Un sonido que marcó a fuego la estética musical de finales del pasado siglo.

El grupo crece meteóricamente, pero en sólo tres años, después de varios escándalos, intentos de suicidio e ingresos en el hospital y sucesivas fugas, Cobain es hallado muerto, en un nunca aclarado del todo escenario de suicidio.

Kurt Cobain y Krist Novoselic.

Con la muerte de Cobain, el grupo desaparece, habiendo vendido más de 70 millones de discos, de los que unos 35 millones son copias de *Nevermind.*

Nirvana, en apenas tres años ha dado la vuelta a la historia musical de finales del siglo XX.

FIN.

Pero el relato que sigue nos habla de una historia centrada en torno a personajes menores y secundarios, incluso quizás involuntarios, así que dejemos ahora el escenario principal y los grandes protagonistas y vamos a curiosear detrás de las bambalinas...

Año 1991. Robert Fisher es el director artístico de la discográfica DGC, y se calienta la cabeza pensando en el diseño y en la portada del nuevo y primer disco LP de un grupo llamado Nirvana. El éxito del sencillo «Smells Like a Teen Spirit», que precede al futuro LP *Nevermind* así como su intuición, le hacen presentir que hay que afinar muy bien el tiro.

Dando vueltas a la idea, Fisher decide, a sugerencia de Kurt Cobain, poner en la portada del disco una foto en primer plano del nacimiento de una criatura

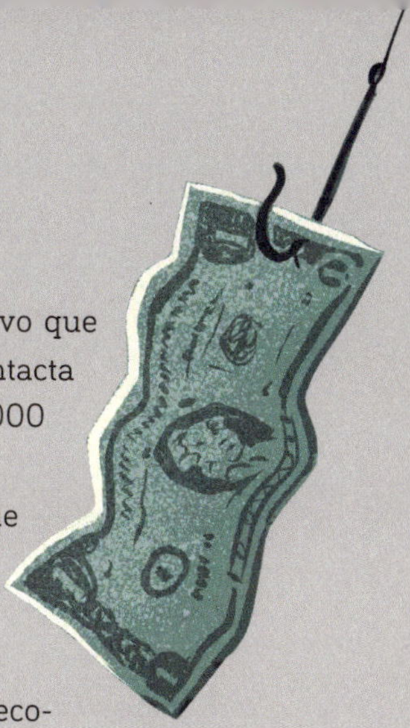

bajo el agua, pero al no encontrar ninguna fotografía de archivo que le convenza, ni por estética ni por el coste de los derechos, contacta con el experto en fotografía subacuática Kirk Weddle, y por 1000 dólares le encarga el trabajo.

Kirk es un excelente fotógrafo y muy competente, por lo que acepta el encargo (y el dinero) y se lanza al proyecto, aunque después de unos primeros intentos algo frustrantes descubre que no será fácil, y así se lo comenta a su amigo Rick Spencer, que trabaja en Hollywood como diseñador de escenografías y decorados para cine y fotografía.

Rick, casualmente, tiene un crío de cuatro meses, por lo que le contesta que ningún problema. Tal como le ha propuesto, al día siguiente quedan en una piscina, desnudan al bebé, le soplan la cara para que cierre la glotis y lo sumergen... Kirk es un excelente profesional, consigue la foto que quería, y de sus 1000 dólares le da 200 a Rick, que esa misma noche se los funde con sus amigos en una cena, engullendo unos «burritos» y en las copas consiguientes.

Imagen base de la portada del álbum *Nevermind* de Nirvana.

Y aquí podría haber terminado la historia... si no fuera — ¡ay los caprichos del destino!— ¡porque de aquella casi improvisada portada se venden 35 millones de copias!, sin contar el *merchandising*, pósteres, anuncios, chapas, tazas, ropa, vallas publicitarias gigantes, murales, pavimentos en las grandes superficies y millones de *gadgets* más.

NUNCA, en la historia de la fotografía, una imagen tan personal y privada (un bebé desnudo, con el pene colgante, sumergido en el agua), que ya todo el mundo llamaba *Nirvana Baby*, ha tenido una mayor exposición pública, ni, posiblemente, haya generado mayores y descomunales ingresos.

Mural en unos grandes almacenes.

Pero *Nirvana Baby* tenía un nombre: Spencer Elden, y al crecer, este joven se descubrió en las portadas de los discos y en millones de sitios impensables más, con la «chorreta» al aire y cara sorprendida, bajo el agua, persiguiendo un billete de dólar clavado en un anzuelo.

Al principio, explica Spencer:

> **«La situación me parecía graciosa, y cuando alguien me preguntaba si ya me había crecido, le contestaba: —Pregunta a mi chica—».**

Pero, en el fondo, reconoce decepcionado: «Todos amasaron montones de dinero conmigo, y yo, que soy el expuesto protagonista, nunca he recibido compensación alguna, pese a los capazos de millones que aquella imagen movió y mueve», relataba Spencer en una entrevista en *Time*.

Pero lo peor, comenta Spencer, es que: «Pasaron por encima de mis derechos como persona. Cuando voy a un estadio, pienso: Tío, probablemente todos estos me han visto, desnudo, mi pene de bebé».

En toda la historia de la música moderna es frecuente reconocer que ha habido tres portadas de discos antológicas, en su diseño, *Nevermind* es uno de los tres álbumes más emblemáticos, reconocibles y reconocidos de todos los tiempos, junto con *Abbey Road* de Beatles y *Dark Side Of The Moon*, de Pink Floyd.

En defensa del involuntario protagonista de esta historia, hay que aclarar que el billete de dólar enganchado a un anzuelo —iniciativa e idea de Kurt Cobain como metáfora de la ambición humana— se añadió fotográficamente después, y que, por tanto, Spencer no corrió ningún peligro, no se lo clavó, no se pinchó, ni resultó en absoluto herido o lastimado, más allá de su amor propio.

Versiones de la foto de *Nevermind*.

Escanear el QR para escuchar
Nirvana - Smells like Teen Spirit

8/12

Woodstock 1969

«Si no lo podéis arreglar, apartaos, porque los tiempos están cambiando.» (Bob Dylan)

«Freedom»... Ansias de libertad.

Los inicios

Situémonos en los inicios del año 1969: Dos amigos, John P. Roberts —broker de Wall Street— y Joel Rosenman, —abogado—, cansados de su aburrida y anodina vida empresarial, fantasean con la idea de hacer algo grande y diferente... ¿Por qué no con la música?... Quizás con unas cervezas de más, encargan un anuncio en el *New York Times* buscando socios interesados en proyectos musicales.

Pasan los días y sorprendentemente, les llueven las propuestas. Los contactan —entre otros muchos— otra pareja de amigos, Michael Lang —mánager de grupos de rock— y Artie Kornfeld —vicepresidente de Capitol Records—. Los cuatro siguen tomando cervezas (y quizá algo más), y rumian la jugada. ¿Por qué no hacer un estudio de sonido en el entorno del pueblo de Woodstock?... es una bonita área residencial, en plena naturaleza, y en la zona residen Bob Dylan, John B. Sebastian y muchos otros músicos que tendrían interés en su uso... se podría llamar Studio-in-the-woods... *pasta gansa*...

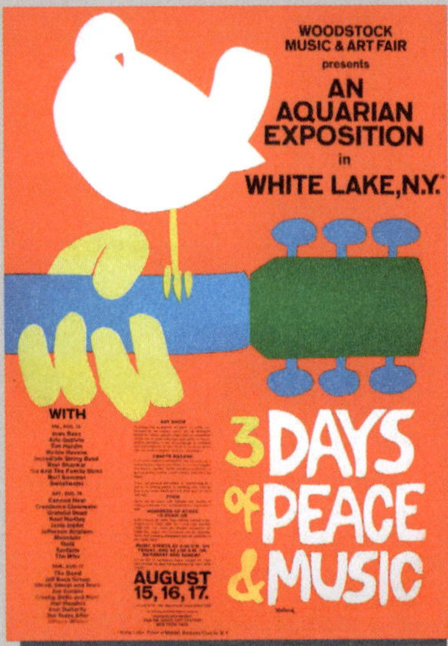

Planificando todo el proyecto, piensan en realizar una gran fiesta para la inauguración de los estudios, un festival con muchos grupos, primeras figuras... En definitiva, un gran evento, ¡un macroconcierto de rock diferente a todo lo que se ha hecho hasta entonces! La idea les parece tan atractiva que pasan de todo lo demás, y van directos al Festival (y a su ruina).

Lo bautizan como Woodstock, una Feria de Arte y Música. Tres días de Paz y Música en la era de Acuario.

Una sociedad convulsa

En los EE.UU. de finales de los sesenta, se había generado una brecha generacional enorme. Por un lado, hervía una sociedad puritana, convulsa y horrorizada, en estado de choque, aturdida por la guerra de Vietnam, con 300 muertos diarios, noticias de asesinatos brutales, como los de Sharon Tate, Luther King o Robert Kennedy.... Al otro lado de la brecha, un sentimiento indefinido, pero *in crescendo* de frustración e indignación: NO era aquel el mundo que la juventud americana deseaba. Dylan cantaba: «Si no lo podéis arreglar, apartaos, porque los tiempos están cambiando»... y de ese sentimiento de desacuerdo, de frustración y desarraigo nace la contracultura, el Flower Power, la música como arma defensiva, el movimiento hippie, el «haz el amor no la guerra»... En una sociedad tan polarizada, una propuesta de paz y música, en Woodstock, a unas pocas millas de Nueva York, fue un revulsivo que lo desbordó todo.

El concierto

La historia se ha contado mil veces... Se esperaban en el concierto a unos 150.000 asistentes, y fueron medio millón, más otros 200.000 que no pudieron llegar... todo quedó desbordado, carreteras y autopistas bloqueadas, era imposible cobrar o controlar las entradas, la gente sencillamente llegaba caminando, a veces 20 o 30 km —ya que antes habían abandonado en medio de los caminos los vehículos por el tráfico colapsado—, y al llegar a la explanada o en las colinas circundantes, buscaban un espacio libre, en el suelo, donde sentarse y disfrutar de la música.

Poco puede decirse de Woodstock que no se haya dicho ya. Abrió las actuaciones Ritchie Havens (porque era el único músico que había logrado llegar y no estaba «colocado»). En lugar de las cuatro canciones que tenía previsto interpretar tuvo que realizar dos horas de actuación. Al final, ya no sabiendo qué tocar improvisó y creó, en lo alto del escenario, la que sería quizás su mayor canción: «Freedom». La historia vital de Ritchie Havens quedaba, desde ese día, tan ligada a Woodstock, que el músico pidió que a su muerte esparcieran allí sus cenizas, como se hizo, realmente, llegado el momento, desde una avioneta.

Mientras Ritchie improvisaba sobre el escenario, fueron llegando en cuentagotas (y helicóptero) el resto de artistas, y después de tres días de música, paz y amor, (y mucha lluvia), en un campo embarrado, Jimi Hendrix cerraba el festival con su interpretación escalofriante del himno nacional americano «The Star-spangled Banner» con una guitarra desgarrada y distorsionada, a la que el guitarrista hacía chillar, y simulando, en paralelo a la melodía —con un increíble virtuosismo y técnica nunca vista— bombardeos y ametralladoras, todo esto ante un público agotado, pero electrizado y absolutamente alucinado. Al terminar —Hendrix— la canción, en la explanada se produjo un silencio absoluto, pavoroso (los aplausos que se oyen en alguna grabación son añadidos en posproducción).

Después de 32 actuaciones antológicas e irrepetibles que quedaban para la historia, Woodstock finalizaba, el sueño había terminado y nada sería ya lo mismo después.

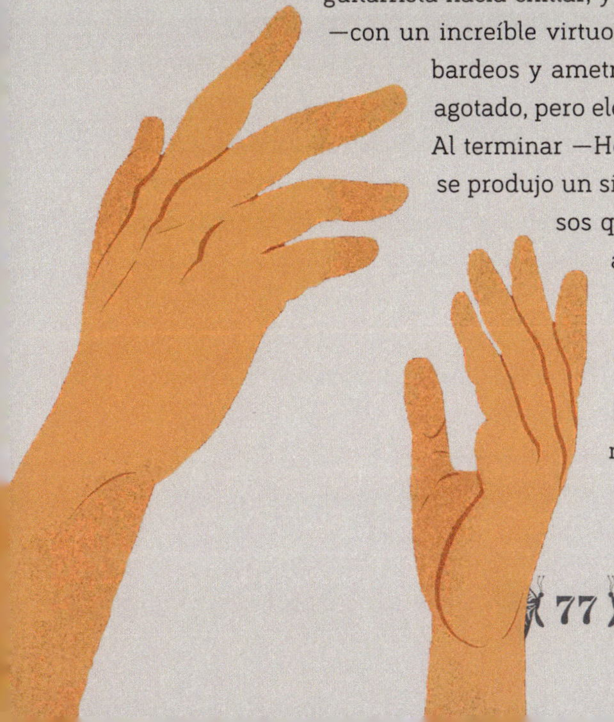

La historia escondida

Este multitudinario encuentro tiene medio millón de actores secundarios, así, bajo este relato, ampliamente (sobre)expuesto, encontraremos infinitas historias menores, corales, en cierto modo entrelazadas y sepultadas bajo la prepotencia, bajo la luz cegadora del evento principal. Personajes humildes, anónimos, que rompen la monotonía con la que, torticeramente, la historia oficial uniformiza la memoria colectiva de los hechos.

Personas como la joven Bobbi Kelly, estudiante, de 19 años, que sufre una mala racha, pues recientemente acaba de romper con su novio, y que la tarde del viernes día 15 de agosto de 1969 pasa el rato en la barra del bar Dino's, en Nueva York, donde trabaja de camarero Nick Ercoline, que tiene 20 años.

Ambos, para matar el tiempo, van charlando sobre diferentes temas. Se conocen desde hace pocos días, pero se encuentran a gusto juntos. Bobbi y Nick fantasean sobre ir a Woodstock, cuando, por la tele del bar, las noticias informan que los accesos a Bethel, pueblecito de apenas 4000 vecinos —donde realmente se está celebrando Woodstock—, las carreteras y autopistas están colapsadas por la gran cantidad de jóvenes que van hacia la granja de Max Yasgur. El locutor pide, casi ordena, insistente y enfático, que NO vaya nadie. La prohibición les espolea y deciden que deben ir. Algo está pasando allí y no quieren perdérselo.

Otro joven, Jim Corcoran, ('Corky'), con apenas 20 años de edad ya ha vivido mucho. Es un veterano de Vietnam, donde ha estado destinado, luchando durante 13 meses como infante de marina. Es amigo de Nick, y como él, un apasionado de la música, Nick le define como «Biblia musical con dos piernas». Ahora que hace poco que ha vuelto a casa, seguramente tiene ganas de aventura y de olvidar el infierno vivido.

Nick y Bobbi están decididos a llegar como sea a Woodstock. Como por el colapso viario no se puede circular por carreteras ni autopistas —Bethel está a poco más de 60 km de Nueva York— Nick contacta con su amigo Corky, quien conoce, como él, los caminos rurales de la región y sabe cómo llegar a Bethel por carreteras secundarias y caminos, y además, le puede pedir prestada la furgoneta Chevrolet Impala blanca a su madre.

El sábado 16, apenas rota el alba, Nick, Bobbi, Corky y otros dos compañeros, salen de Nueva York y por su conocimiento del terreno, y a través de caminos rurales, consiguen acercarse bastante a Woodstock, pero los últimos kilómetros son un infierno, dejan la furgoneta como pueden y continúan a pie, entre autos parados en los caminos de tierra, siguiendo un río humano. Durante el trayecto también se les suma un chico un tanto despistado, que lleva un largo bastón de madera en forma de cruz con una mariposa o pájaro dibujado en el plástico pegado a la punta, como si fuera una estrella. Una mezcla de mariposa y paloma de la paz, sin llegar a ser ninguna de las dos cosas.

Juntos llegan al prado de Max donde se celebra el concierto. Encuentran un espacio libre en una elevación del terreno y allí mismo plantan su escaso campamento mientras explota la música.

Ese mismo día 16, un conocido fotógrafo de la agencia Magnum, Burk Uzzle, rechaza un encargo de *Newsweek* para cubrir el festival en Woodstock, y se va a pescar al río Neversink, con la idea de intentar, quizás, una escapada al festival —próximo— y tomar algunas fotos personales —y no de encargo— por su cuenta.

El domingo 17, de madrugada, después de una noche desapacible, con constantes aguaceros, con el cielo aún oscuro, muy encapotado, Uzzle se levanta, sale de la tienda de campaña, se cuelga dos cámaras Leica en el cuello, y consigue llegar, caminando, a Woodstock. Mientras sus colegas están en el escenario o en el *backstage* haciendo fotos a los famosos, él se mezcla con los espectadores, gente anónima, tendidos en el suelo. Uzzle avanza sorteando cuerpos tumbados y plásticos empapados que precariamente les han protegido de la lluvia torrencial que súbitamente ha caído aquella noche, chicos y chicas jóvenes tumbados o sentados sobre el barro, muchos desnudos, fumando maría, bailando, haciendo el amor, mientras de fondo musical al incierto día que comienza, suena, ensordecedor, Jefferson Airplane.

Empieza el día e irrumpe el amanecer en medio de una espesa bruma, y mientras un fugaz, huidizo rayo de sol atraviesa las nubes e ilumina la escena, frente a Uzzle, una pareja entre la masa de cuerpos se incorpora, apoyándose mutuamente. Los dos jóvenes, lentamente, se ponen en pie, envueltos sus cuerpos en una manta húmeda, impregnada de agua y barro. Parecen salidos de una epifanía, de una revelación que les ha transformado. Quizás esta noche han descubierto el amor, en medio de la música atronadora y la lluvia, porque ya nada parece importarles ni les preocupa. Ella con el pelo liso, gafas de grandes cristales como Janis Joplin, seguramente mirando a la cámara, sonríe, despreocupada, baja la barbilla y apoya suavemente la cabeza en el hombro del chico, y bajo aquel fugaz rayo de luz que, como en un escenario, les ilumina, se funden en un abrazo perezoso y tierno. Se produce un breve y efímero momento mágico, Uzzle apenas tiene tiempo de echar un par de fotos apresuradamente antes de que la luz y la magia del momento se desvanezcan. En ese instante no sabe que acaba de hacer historia.

Tampoco lo saben Nick y Bobbi, abrazados bajo la tela, ni Corky, tendido en el suelo, a la derecha, bajo una manta marrón oscura, durmiendo, empapado como en las húmedas noches en la selva embarrada de Hanói, ni lo sabrá tampoco el chaval despistado del palo y la mariposa roja de plástico, junto a ellos, pero esa foto sería el emblema de Woodstock para el mundo, y la portada histórica de uno de los discos más famosos de todos los tiempos.

Foto de Burk Uzzle en Woodstock la madrugada del domingo día 17 de agosto de 1969.

Alguien quizá se pregunte qué se hizo de aquella pareja de anónimos enamorados —involuntarios protagonistas de la historia— que sale abrazada, fotografiada en primer plano en la famosa e icónica portada del disco.

8/12
Woodstock 1969

Pues bien: Bobbi y Nick Ercoline se casaron poco después.

Una noche, mientras escuchaban música, su amigo Corky les descubrió en la portada del disco y se lo contó... Entonces, transcurrido ya medio siglo de Woodstock, para celebrar que seguían vivos, ambos volvieron al prado de Max Yasgur, y, en el mismo lugar, pero 50 años después, rehicieron la histórica fotografía.

Corky murió en 2018.

Bobbi y Nick, en el año 2022, todavía se abrazan en cada amanecer de sus vidas.

Escanear el QR para escuchar
Jimi Hendrix - Star Spangled Banner

Escanear el QR para escuchar
Ritchie Heavens - Freedom

9/12

Blackbird

«Alguien comenzó a gritar:
—¡Arrástrala a este árbol! ¡Acabemos con esta negra!
¡Ninguna perra negra va a entrar en nuestra escuela!»

Son las ocho de la mañana del día 4 de septiembre del año 1957. Ciudad de Little Rock, en el estado de Arkansas, Estados Unidos de América.

Los días ya están empezando a acortarse progresivamente. Apenas un poco de luz entra desde el pequeño patio de luces a través el estrecho ventanal entrecerrado de la habitación de Elizabeth.

Aunque ayer puso el despertador a esta hora, no necesita que suene. De hecho, no ha dormido apenas, pues ha pasado la noche en una duermevela inquieta y desazonada.

Se revuelve nerviosa, intenta levantarse de la cama y siente una náusea desde lo más profundo del estómago, va a toda prisa al wáter, recorriendo el pasillo de su precario hogar, hasta llegar al inodoro, se arrodilla entre gemidos, pero, a pesar del dolor y las arcadas, nada sale de su estómago.

Se incorpora del suelo, se lava apresuradamente intentando en vano que el agua fría en su cara la haga renacer, que mágicamente borre, arrastre de sus pensamientos toda la inquietud y los nervios que la atenazan, pero es inútil. Nada puede con su angustia ni con su sensación de desamparo.

En Elizabeth ni siquiera hay espacio para la tristeza, sólo rabia y desesperanza. Siente que el que tendría que ser un día de ilusión, la vuelta a la escuela, es en realidad su mayor tormento.

Este año deja atrás sus compañeros y compañeras de la infancia, las amigas de su antiguo colegio infantil, porque, a sus 15 años, va a empezar la secundaria en un nuevo centro: Little Rock Central High School, en Arkansas. Su tutora y activista social, Daisy Bates, la ha convencido para que junto con otros ocho compañeros cuidadosamente seleccionados, después de una fase de preparación, inicie allí sus estudios secundarios. La formación previa ha incluido una meticulosa instrucción y mentalización mediante sesiones intensivas de asesoramiento para que sepa qué debe esperar una vez empiecen las clases y cómo responder a situaciones hostiles que con toda seguridad se producirán, sólo porque su piel es oscura.

— ¡Por Dios! Tengo 15 años, ¡qué puedo hacer yo!, al menos Rosa Parks tiene más de 40 años y ya es una mujer! —Se repite una y otra vez Elizabeth.

De vuelta, descalza al dormitorio, insegura, mareada, con los brazos cruzados delante del pecho y la mirada asustada y ausente, detiene sus pies helados ante la silla en la que reposa el vestido que cuidadosamente dejó dispuesto ayer noche para este día. Un vestido blanco, usado, aunque inmaculado, de manga corta, ancha, botones hasta el cuello, con una falda larga, plisada, meticulosamente planchada y ceñida a la cintura con una pieza de tela también blanca.

Decide que no puede dar ya más vueltas a tanto pensamiento negativo y bloqueante. Tomó la decisión cuando se integró en los Nueve de Little Rock, con Daisy, y ya no hay vuelta atrás. Se pone cuidadosamente el vestido, se ajusta el cinturón, se calza unos mocasines blancos, se peina pulcramente el cabello oscuro, corto y rizado, agarra una libreta casi al azar de la mesita de noche, se pone unas gafas de cristales ahumados, se despide de sus padres, de su infancia, y sale a la calle. Una vez en la acera, Elizabeth se dirige con paso nervioso, apresurado, a la parada del autobús. No debe perderlo o va a llegar tarde al punto de reunión con sus ocho compañeros de escuela y su tutora Daisy Bates. La idea es moverse los nueve en grupo, acompañados de diversos congresistas y personalidades pro derechos civiles. Lo más difícil será conseguir entrar en la escuela, porque ella es negra, y Little Rock School, en el estado de Arkansas es un centro —ahora ilegalmente— segregado para blancos, al que por ley el presidente Eisenhower ha obligado a admitir estudiantes de color, contra el criterio de la mayoría supremacista blanca de la cuidad de Little Rock, del gobernador del estado de Arkansas Orval Faubus y de la Guardia Nacional que de él depende.

Y es que, aunque la Corte Suprema de los Estados Unidos ha aprobado el final de la segregación en la ley del 17 de mayo de 1954, vinculada a la Enmienda 14 y declarado inconstitucionales todas las leyes que establecían escuelas segregadas, en los estados del Sur hay una resistencia de facto, un enorme muro social, ideológico, político y policial contra el que se enfrenta aquel día 4 de septiembre de 1957 una niña de 15 años y sus ocho compañeros, que serán bautizados por la historia como Los Nueve de Little Rock.

Elizabeth, en el trayecto del autobús hasta la escuela, con la mirada ausente, ve desfilar monótonamente a través de la ventanilla del vehículo, personas, edificios, tiendas, carteles, coches... se esfuerza en mantener la mente en blanco, no pensar, no dar más vueltas a todo... pero es inútil.

La breve espera, la efímera tregua ya ha terminado, porque el autobús se detiene con un chirrido ante la parada que corresponde a su nueva escuela.

Ella baja de la plataforma y el vehículo arranca bruscamente con un acelerón y una nube de humo.

De pie en la calle, estática, solitaria en la acera, descubre aterrada que a partir de ahora ya no hay vuelta atrás.

Sólo se trata de dar un paso detrás de otro, en dirección a la escuela, unirse a su grupo e intentar traspasar, todos juntos, la entrada al centro.

La familia de Elizabeth es pobre, no viven en la indigencia, pero hay lujos que no pueden permitirse. Entre ellos el de un teléfono. Si hubiesen tenido acceso a él, o quizás con un poco más de tiempo o suerte, ahora sabría que finalmente el grupo que ansiosamente busca con la mirada, por cambios de última hora, no está en el lugar convenido, como va descubriendo lentamente, con gran desesperación, mientras paso a paso se acerca en solitario a la escuela, al tiempo que observa impotente cómo va siendo rodeada por una turba de jóvenes, hombres y mujeres blancos, que la miran con hostilidad, en un tenso silencio que algunos murmullos empiezan a romper.

Ella aprieta con fuerza la libreta a su costado, pone la mirada al frente tras sus gafas oscuras y mentalmente repasa la preparación que ha recibido, mirar adelante, no gritar, no volverse, no responder a la provocación, no correr...

Años más tarde Elizabeth Eckford escribiría sobre el suceso:

> **Las gentes se acercaron más y más. ... Alguien empezó a gritar... Traté de ver una cara amigable en algún lugar entre la multitud, alguien que tal vez me pudiera ayudar. Miré a la cara de una anciana y parecía una cara amable, pero cuando la volví a mirar, me escupió.**
>
> **Me quedé mirando la escuela, ¡parecía tan grande!**
>
> **En ese momento los guardias dejaron pasar a unos estudiantes blancos. La multitud estaba en silencio. Supongo que estaban esperando a ver qué iba a pasar. Cuando pude estabilizar mis rodillas, me acerqué al guardia que había dejado entrar a los estudiantes blancos. Él no se movió. Cuando traté de pasar junto a él, levantó su bayoneta, y luego los otros guardias se acercaron y levantaron sus bayonetas. Me miraron con una mirada cruel y yo estaba muy asustada y no sabía qué hacer.**

En este instante, Elizabeth descubre, aterrada, que está sola, y que no va poder entrar en la escuela, en donde aunque precaria, su seguridad quizás sería mayor.

No tiene otra opción, así que da media vuelta para volver sobre sus pasos, pero entonces se da de bruces, en solitario, con una multitud, una turba enloquecida de más de 400 personas que la miran con hostilidad... Ella misma lo relata:

> **Me di la vuelta y la multitud vino hacia mí. Se acercaron más y más. Alguien comenzó a gritar: «¡Arrástrala a este árbol! ¡Acabemos con esta negra! ¡Ninguna perra negra va a entrar en nuestra escuela!».**

Con la libreta estrujada en su regazo, las manos agarrotadas, los nudillos de los dedos blancos por la tensión, la mirada al frente, la barbilla levantada con dignidad, Elizabeth atraviesa la multitud que en la cobarde fuerza que da la impunidad del rebaño, es cada vez más agresiva.

Elizabetk Eckford intentando entrar en Litle Rock High School.
Fotografia de Will Counts para el periódico *Arkansas Democrat*.

Milagrosamente consigue superar, entre gritos, la barrera humana y llegar de nuevo a la parada del autobús, y es, sólo entonces, cuando se permite flaquear, se abandona, se sienta en el suelo grasiento, con su falda inmaculada, ya nada importa, se cubre la cara con las manos, cierra los ojos y empieza a hipar con un sollozo sordo, nervioso, que va creciendo hasta que finalmente rompe en un terrible gemido entre convulsiones, llorando con todas sus fuerzas, intenta expulsar de su menudo cuerpo toda la tensión acumulada.

Multitud de medios de comunicación, de todo pelaje, están, obviamente cubriendo la noticia. Entre los periodistas presentes, se encuentra un reportero del *New York Times*, Benjamin Fine, quien, sin duda pensando en su propia hija de 15 años, se apiada de la niña, se sienta junto a Elizabeth y trata de consolarla: —«No dejes que te vean llorar».

Luego llega Grace Lorch, una mujer blanca, que la acompaña de vuelta a casa.

La aventura no ha terminado porque el día 23 de septiembre, los nueve de Little Rock volverán a intentarlo. ¡La multitud que se lo impide ya es de mil personas!

Finalmente el presidente Dwight D. Eisenhower toma el mando de la Guardia Nacional de Arkansas por encima del gobernador y además envía a la 101 División Aerotransportada para acompañar y proteger durante todo el año escolar a los nueve estudiantes de color.

Aunque no se pudieron evitar incidentes de violencia contra el grupo de los nueve de Little Rock, ocho llegaron a graduarse.

Las imágenes y las crónicas que dan la vuelta al mundo de los acontecimientos de septiembre de 1957 en Little Rock son brutales. Todos los medios de comunicación americanos, y de hecho de todo el planeta han cubierto el suceso. Por ello no es de extrañar que a 7.000 kilómetros de distancia, un chaval, casualmente con la misma edad que Elizabeth, 15 años, desde el Reino Unido escuche los gritos contra ella por la radio y descubra estupefacto lo que está sucediendo en América.

El hecho le marca poderosamente, se fija de forma indeleble en su mente inquieta, despierta y abierta a todos los estímulos. El hecho histórico queda así grabado con la fuerza de la carga emocional y el dramatismo que conlleva, en su cerebro. Aunque ahora, en 1957, es casi un crío, unos pocos años más adelante, el recuerdo aflorará abruptamente.

El nombre del chaval... Paul McCartney.

Un poco de astronomía

Si en un hipotético viaje interestelar nos pudiésemos teletransportar instantáneamente unos 283 billones —millones de millones— de kilómetros al exoplaneta Kepler-1649c, descubriríamos un lugar agradable, con tamaño y condiciones climáticas similares a la Tierra y, si una vez allí, pudiésemos echar un vistazo hacia nuestro planeta, quizás en las imágenes reflejadas por la luz en su viaje de 300 años desde la tierra, observaríamos, desde este alejado lugar, que en la ciudad de Leipzig hay un señor con una empolvada peluca blanca, paseando ensimismado por la orilla del río Weisse Elster.

El personaje es un compositor, perteneciente a una extensa y afamada familia de músicos. Un creador muy prolífico, tanto en lo material como en lo espiritual, pues entre sus dos matrimonios, ha tenido veinte hijos (diez de ellos vivos). Un genio musical que tiene muchas bocas que alimentar y que para ello compone, compulsivamente, a un ritmo endiablado.

Sí. Efectivamente. Hemos retrasado nuestro reloj hasta principios del siglo XVIII. Entones quizás podamos ver a Johann Sebastian Bach quien, entre sus muchas creaciones, acaba de componer la *Bourrée en mi menor*, una pieza teóricamente para laúd, pero que, por su afinación, también es adecuada para guitarra o clave.

Es un clásico contrapunto de las construcciones de Bach, en que la línea de bajo tiene una melodía y un ritmo independiente del cuerpo de la composición: Armonía y melodía entrelazadas, con su magia creativa.

La pieza se inicia con un bajo descendente mientras la línea melódica asciende, para ir encontrándose armónicamente en momentos mágicos.

Pero volvamos a la Tierra en el espacio, y a la mitad del siglo pasado en el tiempo. Transcurridos más de dos siglos, corren los años, aunque la memoria de Bach y su obra en mi menor, no se ha perdido. ¡Es actual!

Efectivamente, la pieza es una prueba de fuego para los guitarristas noveles, incluso avezados. Muchos son los que la empiezan a estudiar, pero pocos la terminan interpretando, en su totalidad, sin estrellarse.

Esto es, de alguna forma, lo que le sucede al chaval Paul McCartney, que junto con su amigo George Harrison intentan superarla una y otra vez, de oído, en los primeros sesenta. Paul no pasa del inicio, y George, algo mejor guitarrista, con más práctica y técnica más depurada alcanza unos cuantos compases más allá.

Han transcurrido unos pocos años desde aquel aprendizaje iniciático y entrados en los años sesenta los Beatles son ya un grupo aún entusiasta, maduro y famoso, compuesto por individualidades geniales para las cuales el poso de los recuerdos y de las emociones sigue siendo la poderosa fuente de inspiración para sus composiciones.

Así, para Paul, el canto de un mirlo escuchado de madrugada durante el encierro oriental con el gurú Maharishi Mahesh Yogi en Rishikesh, en la India, o el recuerdo del cariño familiar, pueden ser fuente de inspiración.

Pero, sobre todo, es la remembranza de los gritos de la multitud contra aquella indefensa niña negra de 15 años, que escuchó en su adolescencia un recuerdo grabado a fuego en su memoria que, refrescado por los sucesivos y constantes eventos raciales de los sesenta en los Estados Unidos, le van dando vueltas dentro de su cabeza.

Repentinamente, otra chispa se enciende en el inquieto y acelerado cerebro creativo de Paul... Aquella cancioncilla de Bach en mi menor, que tantos años atrás intentaba sacar a la guitarra con George... ¿Por qué no cambiarle un poco el tempo, y trasponerla a tono de sol?, con las cuerdas agudas al aire, armonizaría el acompañamiento con el acorde abierto de sol, y en afinación de guitarra estándar, sería más sencilla de interpretar.

Además, probando, descubre que podría darle cuerpo —*groove*— con un arpegiado con la mano derecha. Como practicaba con Donovan en su encuentro en la India... Simultáneamente, en su mente se atropellan los recuerdos, de aquel mirlo cantando en la madrugada en su retiro oriental con el lejano recuerdo, del cariño hacia la madre de su madrastra y su apoyo cuando su padre enviudó.

El mirlo... el mirlo es una pequeña ave de pelaje oscuro, profundamente negro, que canta al amanecer, alas negras... quiere arrancar el vuelo, pero no puede... con sus alas rotas, intentando escapar de la noche oscura, como de la oscuridad de la quería salir desesperadamente aquella chiquilla negra en la escuela para blancos de Little Rock, luchando por volar, por ser libre, a pesar de sus pequeñas y aturdidas alas, a pesar de su descomunal e inútil esfuerzo, a pesar de sus esperanzas rotas... todo se va asociando y enlazando, y finalmente nace la canción: «Blackbird».

«Blackbird singing in the dead of night
Take these broken wings and learn to fly
All your life
You were only waiting for this moment to arise
Blackbird singing in the dead of night
Take these sunken eyes and learn to see
All your life
You were only waiting for this moment to be free
Blackbird, fly, Blackbird, fly
Into the light of the dark black night
Blackbird, fly, Blackbird, fly
Into the light of the dark black night
Blackbird singing in the dead of night
Take these broken wings and learn to fly
All your life
You were only waiting for this moment to arise
You were only waiting for this moment to arise
You were only waiting for this moment to arise.»

«Mirlo que cantas en el silencio de la noche,
Toma estas alas rotas y aprende a volar.
Toda tu vida
Estuviste esperando este momento para alzarte
Mirlo que cantas en el silencio de la noche,
Toma estos ojos hundidos y aprende a ver.
Toda tu vida
Estuviste esperando a este momento para ser libre
Mirlo, vuela, mirlo, vuela
hacia la luz de la oscura y negra noche.
Mirlo, vuela, mirlo, vuela
hacia la luz de la oscura y negra noche
Mirlo que cantas en el silencio de la noche,
Toma estas alas rotas y aprende a volar.
Toda tu vida
Estuviste esperando este momento para alzarte
Estuviste esperando este momento para alzarte
Estuviste esperando este momento para alzarte.»

Paul McCartney incluye «Blackbird» en el *Álbum Blanco* editado en 1968, once años después de los sucesos de Little Rock. Lo graba en el estudio 2 de EMI en la sesión del día 11 de junio de 1968.

El tema lo interpreta en solitario, sin el acompañamiento de ningún otro Beatle. La grabación corre a cargo del ingeniero de sonido Geoff Emerick.

Este tema, junto con «My Mummy is Dead» y «Julia» (estas dos de John Lennon), son las únicas canciones de los Beatles interpretadas y grabadas íntegramente por uno sólo de sus componentes, sin ninguna otra colaboración ni acompañamiento.

En «Blackbird» Paul simplemente canta, toca la guitarra acústica y se acompaña marcando el tiempo con los pies. Nada más. En una pista adicional, suena intermitentemente el canto de un mirlo. Y nada más precisa la canción, que estremece por su simplicidad, por el magistral uso de los silencios, por las paradas y arranques de la melodía, por su poesía y por su monotonía mágica.

Es la belleza en su máxima expresión, que nos conmueve, como a Paul le conmovió la férrea y desesperada voluntad de aquella víctima infantil, aterrada, en medio de los gritos de la muchedumbre que se alzaba contra Elizabeth Eckford.

Pasan los años, los hechos se suceden y cuando los Beatles ya se han disuelto, Paul sigue cantando la canción en las giras con su nuevo grupo Wings que, cuando ya ha transcurrido medio siglo desde la creación de la canción, por caprichos del destino, el día 1 de mayo de 2016 recala en Little Rock.

En el momento de presentar la canción «Blackbird», sobre el escenario un Paul emocionado relata:

> **«En los años cincuenta, había muchos problemas por los derechos civiles, particularmente en Little Rock. Nos dimos cuenta de esto en las noticias en Inglaterra, por lo que es un lugar muy importante para nosotros, porque para mí, aquí es donde comenzaron los derechos civiles.**
>
> **Veíamos lo que estaba pasando y simpatizamos con las personas que pasaban por esos problemas, y me hizo querer escribir una canción que, si alguna vez llegaba a las personas que pasaban por esos problemas, podría ayudarlos un poco, y es la siguiente»...**

Este día Paul interpreta «Blackbird» quizás con más fuerza y sentimiento si cabe, porque sabe que entre los asistentes al concierto hay una persona muy especial, una mujer con la que, al finalizar la actuación, se reunirá.

Se encontrará con Elizabeth Eckford 60 años después de conocerla indirectamente escuchando la radio desde Liverpool. Aquella pequeña muchacha de color que le conmovió en 1957 y que le inspiró la canción.

En su *timeline* de Twitter, y desde el *backstage* del concierto, Paul publica la foto con Elizabeth Eckford y su compañera Thelma Mothershed, dos de Los nueve de Little Rock.

Sir Paul escribe:

> **«Incredible to meet two of the Little Rock Nine--pioneers of the civil rights movement and inspiration for "Blackbird"».**

Con ya tres cuartos de siglo sobre su cansada espalda, después de haber pasado por varios tratamientos por estrés postraumático, dos intentos de suicidio, la pérdida de un hijo a manos de la policía, pero aún orgullosa y firme como una roca, con la mirada alta y orgullosa, Elizabeth seguía luchando y resistiendo, impávida, los embates de la injusticia y del destino.

Escanear el QR para escuchar
J.S. Bach - Bouree in Em

Escanear el QR para escuchar
The Beatles - Blackbird

10/12

Smoke

Frank Zappa y las Madres / Estaban en lo mejor / Cuando un estúpido con una pistola de bengalas / Incendió el lugar hasta los cimientos (Ian Gillan-Deep Purple)

Principio del año 1968, Checoslovaquia. Zdeněk Špička es un alocado joven que, nacido, el día 4 de noviembre de 1949, con sus 19 años intenta buscarse la vida en un país pobre, en plena recesión económica, castigado por la baja industrialización que ha padecido durante lustros de férrea tutela del bloque comunista y del estalinismo.

La vida de Zdeněk no es fácil en su enrarecido microcosmos. Su familia comparte vivienda, cocina y retrete en un enorme y antiguo edificio comunitario de pobre construcción, un vetusto bloque que ha conocido tiempos mejores, con sus techos altísimos. Los improvisados habitáculos para cada familia se obtienen tapiando habitaciones y se conectan entre sí por un oscuro y pestilente pasillo decrépito, un laberinto demencial que va zigzagueando en una trayectoria imposible, un espacio impregnado de olores humanos mezclados con col hervida y humo de brasero. Un espacio desvencijado, tierra de nadie y por nadie cuidado, de húmedas paredes desconchadas, que debe ser transitado esquivando mil y un cachivaches, sillas rotas, muebles desportillados, pósteres mohosos de Stalin y mil y un trastos más.

Todos padecen el racionamiento. Este invierno tienen que soportar un frío glacial cuando la precaria calefacción comunitaria no funciona, y todo ello viviendo bajo un férreo control político y policial.

Parece imposible salir de este tenebroso agujero, pero a lo largo del año, y especialmente durante la primavera de 1968, el presidente checoslovaco Alexander Dubček está iniciando reformas para llevar el país hacia una cierta liberalización económica y política que muchos, Zdeněk entre ellos, ven con ilusión y una cierta esperanza.

Pero el tiempo pasa y la realidad es tozuda, porque esa ilusión se esfuma cuando unos meses después, la noche del 20 de agosto, las fuerzas del Pacto de Varsovia encabezadas por Rusia, cruzan su frontera y entran abruptamente en Checoslovaquia, de la que ya no saldrán hasta 1990.

Las esperanzas de libertad, este verano de 1968, se truncan. Un hilo de pesimismo y desesperación se adueña nuevamente de la población. Algunos ciudadanos como Jan Palach, o incluso héroes de la Segunda Gran Guerra como Ryszard Siwiec, en protesta, se inmolan quemándose a lo bonzo. Aquella breve, efímera ilusión de libertad se desvanece como humo y da paso a una recrecida de desesperación para Zdeněk y para muchos otros jóvenes checoslovacos, que eligen el camino del exilio y huyen, como pueden, del país.

Así es como Zdeněk Špička huye clandestinamente de Checoslovaquia y se establece en el cantón suizo de Vaud, en una comuna situada en Epalignes, en los suburbios de Lausana, a unos tres kilómetros del centro.

Un nuevo mundo se abre para el joven inconformista e inquieto que ha huido del telón de acero para ubicarse ilegalmente fuera del país y ganarse, precariamente, la vida.

Año 1971, Suiza, otros cinco jóvenes británicos, Ritchie Blackmore, Ian Gillan, Roger Glover, Jon Lord e Ian Paice, ya músicos consagrados, preparan con ilusión la realización de su sexto álbum, que va a llevar por título *Machine Head*.

Han decidido grabarlo en el Casino de Montreux, ciudad Suiza en el cantón de Vaud, al pie de los Alpes y en la ribera del Lago Leman. El proceso de registro del disco se realizará en directo, mediante el Mighty Mobile, el estudio de grabación móvil ideado por Ian Steward, el quinto Stone en la sombra. Un sofisticado estudio portátil que los chicos de Deep Purple han alquilado a los Rolling Stones.

El casino Barrière de Montreux, construido en 1881 en esta tranquila y conservadora ciudad suiza de 20.000 habitantes, es un hermoso edificio clásico, con grandes ventanales. Un lugar famoso y mítico por ser, desde 1967, epicentro y base de multitud de conciertos y eventos musicales: Ciclos de jazz, con la participación de mitos como Miles Davis, Weather Report, Nina Simone, o Ella Fitzgerald, También está abierto al canto coral o a otros géneros, músicos o grupos, como Led Zeppelin, Pink Floyd, Frank Zappa o Carlos Santana. El hecho es que, estando a punto de finalizar el ciclo de esta temporada de 1971, el espacio quedará disponible para que Deep Purple, pueda realizar allí la grabación de su nuevo álbum.

Así pues, los cinco músicos y su equipo, se desplazan del Reino Unido a Suiza, y se presentan en Montreux el día 3 de diciembre

Cerrar el casino de Montreux no es una operación barata, y representa una interesante y productiva fuente de ingresos para la institución. El organizador del evento y director de los ciclos musicales del Casino de Montreaux, 'Funky Claude' Nobs, insiste al responsable de turismo de la ciudad que atienda especialmente bien y satisfaga las solicitudes de los cinco muchachos que han contratado el local a partir del día 5 de diciembre.

Es por ello normal que este relaciones públicas entre en modo pánico, cuando, el día anterior al concierto, los músicos, antes de aterrizar en Suiza, le hacen una precipitada aunque lógica solicitud: Desearían asistir al último concierto de esta temporada en el casino de Montreux para conocer el ambiente y sobre todo comprobar la acústica y las condiciones técnicas del mismo. La petición es imposible de satisfacer porque el evento programado es el concierto de Frank Zappa para el que ya hace mucho tiempo que no hay absolutamente ninguna localidad disponible. ¡El aforo de la sala de conciertos es sólo de 2000 asientos!

Tras muchas gestiones, el gestor turístico finalmente consigue los pases y, para satisfacción de Claude Nobs, logra meter a los cinco miembros de Deep Purple en el concierto de Frank Zappa de Montreux del dia 4 de diciembre de 1971.

A primera hora de la tarde del día del evento, 2000 personas se agolpan en la entrada del Casino de Montreux para asistir al concierto de Frank Zappa. Todos los asistentes, después de atravesar un rutinario control de entrada, van ocupando, expectantes, sus asientos. Entre ellos están los cinco miembros de Deep Purple, y un anónimo y desgreñado joven checoslovaco con barba y pelo largo.

Finalmente, el genial y transgresor músico de Baltimore, una de las mentes musicales más inquietas y privilegiadas del siglo, irrumpe con su banda The Mothers of Invention sobre el escenario. El show empieza ya, y Zappa va desgranando su repertorio, de difícil clasificación, polémico y provocador, en un ambiente y con la escenificación surrealista que le caracteriza. El público queda cautivado por el show que explota las mentes de los espectadores.

Cuando han transcurrido ya 90 minutos de concierto, a las 16,30h, durante la interpretación de la canción «King Kong», en medio de un sonido atronador de trompetas y percusión, el sintetizador de Don Preston inicia un solo, todo ello acompañado por haces luminosos, flases y otros efectos visuales.

Irrumpe entonces sobre el escenario lo que parece ser una espectacular exhibición de efectos especiales, unas brillantes y pequeñas chispas luminosas que, como minúsculas luciérnagas, caen girando en espiral lenta, mansamente, sobre los músicos. ¡El público alucina!

Los músicos se miran entre ellos, extrañados, Zappa dirige la vista hacia el techo de mimbre del escenario donde se insinúan algunas pequeñas llamas... En la entrevista realizada al día siguiente comenta que le pareció ver a alguien que, desde las primeras filas, con una pequeña pistola lanzaba una bengala o cohete que alcanzó el techo del escenario... segundos después, alguien cogió un extintor para intentar apagar las incipientes llamas, en vano. En pocos instantes, es ya un trozo completo del techo en llamas el que se les viene encima a los músicos, y el humo del escenario empieza a avanzar hacia el público atónito. Zappa, interrumpiendo entonces el solo de Don Preston, se acerca al micrófono y pide, en inglés, a los espectadores, calma y que vayan saliendo ordenadamente.

El cantante de Deep Purple Ian Gillan comentó más tarde: «La bengala voló justo sobre mi hombro. Pareció desvanecerse y luego empezó el fuego».

En la entrevista realizada al día siguiente, Zappa comenta:

> **«Muchos de los asistentes afortunadamente hablaban inglés y entendieron perfectamente el mensaje, ya que en francés no hubiera sabido qué decirles... así que se dirigieron ordenadamente hacia la salida, pero estaba bloqueada, así que rompimos las puertas bloqueadas lanzándolas un amplificador Orange, y a través de éstas y de las ventanas, con un salto de unos dos metros todo el mundo fue abandonando el local. Algunos de nuestros técnicos fueron de los últimos en salir. Fueron expulsados de la sala al producirse una violenta explosión de los sistemas de calefacción. Fueron Jonathan, el técnico de luces y Tony, chófer, quienes salieron disparados a través de la ventana por la explosión. Afortunadamente sólo tres asistentes han sufrido heridas leves y han sido trasladados al hospital. El fuego se propagó**

cada vez más aprisa. Todo nuestro equipo musical ha sido destruido, sólo se ha salvado un cencerro, los técnicos ya están en Londres buscando nuevo equipo para poder seguir con los conciertos».

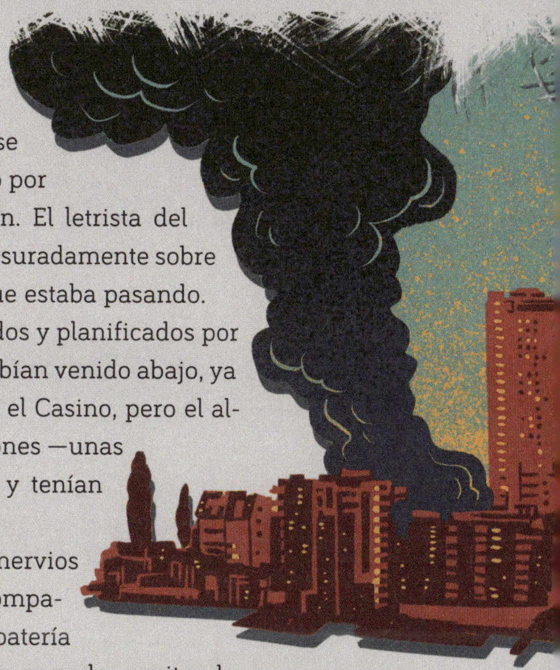

Entre los asustados asistentes al concierto, los componentes de Deep Purple corrieron, aterrados por la experiencia, hacia el hotel, donde, desde su habitación aún podía apreciarse la inmensa y espesa humareda negra flotando por encima de las mansas aguas del lago Leman. El letrista del grupo, Gillan, con mano temblorosa tomó, apresuradamente sobre una servilleta de papel, unas notas sobre lo que estaba pasando.

Todos los planes cuidadosamente preparados y planificados por los miembros y el equipo de Deep Purple se habían venido abajo, ya no grabarían el nuevo álbum, no al menos en el Casino, pero el alquiler del equipo de grabación móvil de los Stones —unas 2.000 libras por semana— seguía corriendo y tenían que buscar alternativas. Y aprisa.

Toda esta tensión y los correspondientes nervios por la aventura, como es lógico, no eran muy compatibles con un descanso reparador, por lo que el batería Roger Glover se despertó de madrugada, bañado en sudor y gritando: ¡Humo sobre el agua! (*¡Smoke on the water!*). En sueños, ¡revivía el suceso!

Basándose en este grito, y partir de esta experiencia, Gillan escribió la letra, siguiendo sus anotaciones en la servilleta de papel, limitándose a relatar lo que había sucedido:

«We all came out to Montreux
On the Lake Geneva shoreline
To make records with a mobile, yeah
We didn't have much time now
Frank Zappa and the Mothers
Were at the best place around
But some stupid with a flare gun
Burned the place to the ground.»

Todos vinimos a Montreux
En la costa del lago de Ginebra
Para hacer discos con un móvil (*)
No teníamos mucho tiempo
Frank Zappa y las Madres
Estaban en el mejor lugar de la zona
Pero un estúpido con una pistola de bengalas
Incendió el lugar hasta los cimientos

(*) Se refiere a la estación móvil de grabación Mighty Mobile de los Stones

Y sobre aquellos versos Blackmore añadió a aquella nueva canción el más famoso riff de guitarra de todos los tiempos, que según su propia explicación, compuso reproduciendo en una escala invertida el famoso allegro romántico del arranque de la quinta sinfonía de Beethoven.

Y así nació el mito de «Smoke on the water».

Para finalizar esta historia... ¿Qué se hizo de los diversos actores?

Pasaron los años y Beethoven no reclamó derechos de autor sobre el riff de «Smoke on the water».

Respecto del Casino Barrière de Montreux, el magnífico edificio levantado en 1881, tras cuatro años de obras fue laboriosamente reconstruido con un coste cercano a los 15 millones de francos suizos, en un proceso que finalizó en 1975, incluyendo los nuevos estudios de sonido de Mountain Studios, en donde grabarían entre otros Yes, Rolling Stones, los mismos Deep Purple, Sting o David Bowie, estudios que, finalmente compró Queen, donde producirían siete de sus álbumes. Posteriormente, en 1993, el Festival de Jazz fue trasladado al centro de convenciones de Montreux.

Zappa, con gran esfuerzo, en un alarde de logística y profesionalidad, recurriendo al alquiler de equipos, en un tiempo récord reconstruye el *backline* del grupo y, ya provisto de nuevos amplificadores e instrumental, sólo una semana más tarde del desastre de Montreux, el 10 de diciembre, ya está dando otro concierto en el teatro Rainbow de Londres. Pero entonces, un tal Trevor Howell, hasta los topes de ácido, a la finalización del concierto y durante los bises, consigue encaramarse al escenario y propina un fuerte empujón a Zappa que se precipita a plomo desde la considerable altura de cinco metros al foso de cemento de la orquesta, donde, una vez inconsciente en el suelo, le cae encima un pesado monitor de sonido, sufriendo gravísimas fracturas, traumatismo craneal, lesiones en la espalda, pierna, cuello y laringe; Lesiones a las que milagrosamente sobrevive, aunque le dejarán secuelas de por vida y quedará postrado en una silla de ruedas durante un año.

Según Trevor declararía a la policía, el concierto no valía lo que había pagado por él y, además, el músico no había quitado ojo a su novia. El agresor fue condenado a un año de cárcel.

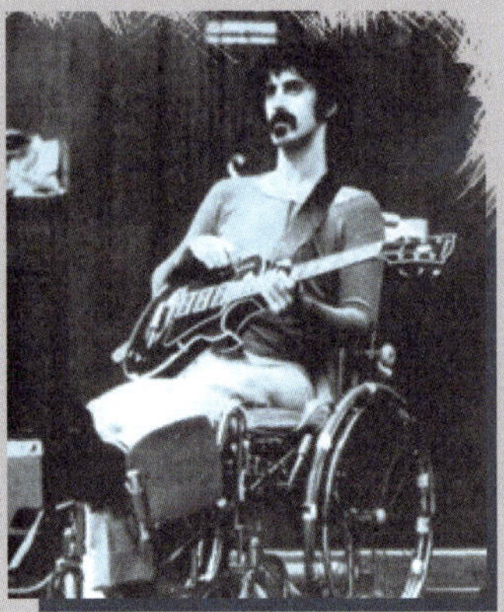

Consecuencias de la caída.

Smoke

Deep Purple siguió cosechando éxitos, e ingresando royalties con su canción «Smoke on the water». En 1993 Blackmore abandona el conjunto, quién sabe si por consejo de su abuela (que también le había inspirado el nombre del grupo, cuando le preguntó en los inicios, si en su futuro grupo tocarían la canción «Deep Purple», estándar de jazz del pianista Peter DeRose, que le encantaba a la anciana señora).

El incontestable éxito del pesado riff entre los guitarristas noveles es tan grande que se prohíbe su interpretación en las tiendas de guitarra para salvaguardar la salud mental de los encargados.

Vista del incendio de Casino de Montreux, junto al lago Leman.

... y Zdeněk Špička, protagonista de esta historia, pues no fue otro quien, con una pistola de juguete, lanzó la bengala aquel día —el «estúpido con una bengala» como reza la canción— ya fuese por miedo a ser reconocido y linchado por otros espectadores o para evitar ser detenido por la policía, se desvaneció tras la cortina de humo, desapareció de Lausana, se esfumó de la comuna, se evaporó de Epalignes, se volatilizó del cantón de Vaud, abandonó Montreaux, huyó de Suiza y jamás se le volvió a ver el pelo ni a saber de él. No reapareció ni siquiera para pedir derechos de autor de una canción que sin su alocada acción jamás hubiese existido, canción que, con los royalties que han producido los 35 millones de copias vendidas de *Machine Head* con su tema «Smoke in the Water», más los centenares de versiones, hubiese bastado para pagar varias veces los 15 millones de francos suizos que costó la reconstrucción del Casino de Montreux.

Escanear el QR para escuchar
Deep Purple - Smoke on the Water

11/12

Caos – Destino – Azar

Nazis, el azar, los Stones y el carbonero del *Titanic.*

La teoría del caos nos seduce con la propuesta de que en un sistema no determinista, unos mínimos cambios en un entorno pueden conllevar consecuencias totalmente imprevisibles en otro, inesperadas, y, por supuesto, imposibles de controlar.

Metafóricamente, también se plantea como la teoría del efecto mariposa: Un aleteo de una mariposa en China, puede provocar un tornado en Nueva York.

Otras teorías, más experimentales, intentan explicar este efecto mediante el fenómeno del doble péndulo. Cuelgue un péndulo del extremo de otro, póngalos a oscilar e intente predecir sus movimientos.

Así pues, en la vida real, por extraño que parezca, el papel del azar provoca que determinados eventos, en principio independientes, aparentemente no relacionados, converjan inexplicable e inexorablemente en hechos imprevisibles a priori, que trascienden en sus resultados y que pueden propagarse tanto a través del espacio como del tiempo.

El mundo de la música no puede ser ajeno a estas teorías porque es esencialmente creativo, y por tanto, liderado con frecuencia por personajes de caracteres a menudo erráticos, caprichosos, imprevisibles y caóticos.

Vamos a revivir, como ejemplo, un caso en el mundo y la farándula del arte musical, en que hechos y circunstancias producidas en el siglo XIX en un continente provocan en otro distinto imprevisibles efectos un siglo después, en un prístino ejemplo de la existencia de un caos bromista y socarrón que se ríe de nuestras infantiles previsiones, desbordadas por un azar caprichoso y voluble.

El día 10 de enero de 1883, nace en el pueblo de Bootle, cerca de Liverpool, Frederick —Fred— Barrett, hijo de Henry Charles Barrett, obrero de Devon, y Mary Morgan.

Henry y Mary conforman una honrada y humilde familia de carpinteros. Con el paso de los años, su retoño, Fred, aprende el oficio familiar, y con los conocimientos adquiridos, se independiza, incorporándose laboralmente a una fábrica de carruajes mecánicos, lo que le aporta experiencia, formación y conocimientos en mecánica e ingeniería, así como una cierta independencia económica que le permite, a su vez, formar una familia propia.

Fred quizás sea una persona eficiente en el trabajo, pero no será una persona afortunada en la vida. El azar o el destino le marcan a fuego un futuro muy diferente. Casado con el inicio del siglo, a los pocos meses de matrimonio descubre que su esposa le es infiel, y es entonces cuando, desengañado, decide romper con todo, dejar su vida atrás, abandonar el hogar y aprovechando sus conocimientos y experiencia en construcción y mecánica, enrolarse como marino mecánico en la pujante industria naval del Reino Unido de inicios del siglo XX.

Tras varios empleos en diversas navieras, Fred, el día 6 de enero de 1912 inicia su nuevo trabajo como jefe y responsable de una de las cuadrillas de fogoneros y maquinistas de un transatlántico. Se trata de un equipo de diez operarios. Su responsabilidad será el mantenimiento de la temperatura y presión en calderas y la gestión y transporte del combustible a las salas de máquinas. El barco es un monstruo de 46.000 toneladas, con once búnkeres o almacenes de carbón, casi dos por cada una de las seis calderas. Cada uno de estos depósitos contiene unas 1.000 toneladas de carbón, apilado en un silo de nueve metros de altura, repleto hasta los topes. La monstruosa capacidad energética debe alimentar un trayecto transoceánico.

La dotación de combustible para el viaje no ha sido una labor fácil para la empresa White Star, propietaria de la gigantesca nave, que se juega en este barco su prestigio, porque en estas fechas, Inglaterra se halla sumida en plena huelga de la minería, y la ingente cantidad de carbón necesario para el viaje, se ha acopiado durante semanas, incluso a costa de vaciar las bodegas de otros barcos, trasegando el carbón de una nave a otra.

11/12
Caos – Destino – Azar

El hecho de acopiar carbón de distintas fuentes, calidades y características, provoca inexorablemente que el barco reciba un combustible de tipo heterogéneo, de menor calidad, que libera niveles altos de gases combustibles como metano y genera otros efectos no deseables.

Porque el carbón, almacenado en grandes proporciones, es un elemento muy bromista, de hecho, un gran amante del azar, ya que está sujeto a un efecto —¿mariposa?— conocido como proceso de combustión espontánea, lo que significa que, acumulado en grandes cantidades, sin ventilación, emite gases, empieza a calentarse, lenta pero progresivamente y no precisa de fuego directo para empezar su combustión. Y una vez iniciado el proceso, que puede alcanzar cerca de mil grados de temperatura, ya no existe materialmente ninguna forma de apagarlo, a menos que se sumerja bajo el agua, opción no aconsejable para el caso particular de un barco.

El caso es que, ya sea por un rescoldo en el fondo de las vagonetas durante el trasiego de carbón entre barcos, o en el traslado entre el búnker de almacenamiento número 6 (tambien llamado W) y sus calderas de destino números 5 y 6, o por efecto de la combustión espontánea, el barco en que está enrolado nuestro flamante protagonista lleva ya varios días batallando con la combustión del carbón que se está produciendo dentro del almacén número 6. La única solución es priorizar, acelerar la quema del carbón de dicho repositorio para terminar con el silencioso y letal incendio. La naviera —White Star— no da ninguna difusión pública al preocupante hecho, que considera un asunto interno, bajo control, e inicia el esperado trayecto inaugural ya por tres veces aplazado, de Inglaterra a Estados Unidos.

El buque es un monocasco, como todos los de la época, y en la parte en la cual el almacén de carbón en lenta combustión está en contacto con el metal del casco, este empieza a alabearse y ennegrecerse, como se aprecia en las fotografías de la banda de estribor tomadas en los puertos de Harland y Wolff en Belfast, Irlanda del Norte, por John Westbeech Kempster, en los primeros dos días de abril de 1912. Fred informa a sus superiores que el panel del casco y las mamparas de separación presentan daños por el fuego, ya que la mitad inferior muestra una deformación hacia atrás y la mitad superior está deformada hacia adelante.

En definitiva, como consecuencia del efecto de la temperatura y por la naturaleza de la aleación estándar del acero de la época, este se deforma y se debilita, tanto en el casco como, interiormente, en las mamparas de separación y sellado de los mismos compartimentos. La ruleta del azar sigue girando incansable, traviesa y divertida.

Casco con marcas del efecto del incendio del almacén de carbón. Foto de John Westbeech Kempster.

Samuel Levi Goldenberg ha nacido en Nueva York el día 8 de septiembre de 1864 y a sus 48 años es un acaudalado empresario textil que pasa los días entre Europa y Estados Unidos, dedicado, en lo profesional, con sus socios, a su próspero negocio internacional de encajes y tejidos y, en lo personal, a su afición a la cría de perros de raza.

Goldbenberg acaba de ser nombrado jurado para el concurso canino French Bull Dog of America del 20 de abril, competición que se llevará a cabo en el Waldorf Astoria, en Nueva York, acto al que, orgulloso, ha comprometido su participación, aunque ello le conlleve viajar expresamente de Francia a Estados Unidos. Así pues, en la parada de nuestro ya humeante barco, en el puerto de Cherburgo en Normandía, Francia, del día 10 de abril de 1912, el Sr. y la Sra. Goldenberg —de soltera Nella Carlynne— se acomodan como pasajeros de primera clase en la cabina C92.

La navegación, bajo las órdenes del capitán Edward Smith, sigue plácida durante los días 13 y 14 de abril. El *Titanic*, pues no es otro el buque de nuestra historia, avanza prepotente, orgulloso y veloz, y un poco inconsciente —por qué no decirlo— mientras humea el carbón en los almacenes y en las calderas, desfilando a gran velocidad entre témpanos de hielo gigantes como montañas que hacen que otros buques reduzcan o incluso suspendan la navegación.

Finalmente, la noche del 14 al 15 de abril, inexplicablemente (o no), un *Titanic* a toda máquina, quemando carbón por dentro y por fuera de las calderas, se empotra contra un enorme iceberg que abre una profunda grieta de más de 90 metros a estribor, exactamente donde el acero del casco está ya debilitado por el incendio del almacén de carbón.

Así, no siendo el *Titanic* un barco de doble casco, el agua helada irrumpe directamente con fuerza en su interior y empieza a inundar diversas bodegas, compartimentos, salas de calderas y búnkeres de carbón. Fred Barrett, como responsable de calderas de la nave, recibe instrucciones del segundo ingeniero de máquinas, Herbert Harvey, de parar como sea las calderas incandescentes afectadas, antes de que el agua helada provoque una explosión de vapor que reviente el barco.

Fred trabaja frenéticamente en las salas números 5 y 6, en medio del caos y la oscuridad, entre bandazos terribles, abruptas avalanchas de agua y gritos de desesperación de los heridos, hasta que la situación se hace insostenible, y a las 1,15 horas de la madrugada del día 15 de abril, se le ordena abandonar la sala de máquinas y subir a cubierta para colaborar en la evacuación de los pasajeros.

De esta forma, Fred Barrett salvará casi milagrosamente la vida, al lograr llegar hasta la cubierta donde se le asigna el barco de salvamento número 13 que empieza a llenarse con los pasajeros seleccionados para acceder al mismo. Difícil decisión para el capitán, porque el prepotente e insumergible *Titanic*, ante un evento de naufragio que se preveía imposible, no dispone de botes salvavidas suficientes para todos los pasajeros, porque, curiosamente, la normativa naval de la época regulaba el número de botes salvavidas en función del tonelaje del barco y no del pasaje. La terrible conclusión que abruma al capitán Edward John Smith es que apenas dispone de botes salvavidas para la mitad de los pasajeros.

Se prioriza entonces a mujeres, niños y pasajeros de 1ª clase. Así, los afortunados elegidos, todos ellos con sus chalecos salvavidas, a medio vestir, en la oscuridad, entre bruscas sacudidas, destellos y truenos de las explosiones, bandazos y gritos de desesperación y despedida van ocupando los escasos botes. Este es el caso, pues, del bote número 13, al que ha sido asignado Fred, pero cuando inicia el descenso al agua, fatalmente, a medio descolgar, queda encallado y a punto de volcar, peligrosamente inclinado, con todos sus desesperados pasajeros aterrados, a punto de caer al vacío. Entonces, Barret consigue cortar a la brava las amarras con un cuchillo y finalmente, entre golpes y cabeceos del bote, este cae al agua. Frederik será el encargado del timón, pero al cabo de poco tiempo se desvanece bajo los efectos de la hipotermia, aunque finalmente salvará su vida pero, quizás por efectos del frío, morirá de tuberculosis unos años más tarde.

Quien también está sufriendo los efectos de la hipotermia, con suerte aún dentro del infortunio, es un afortunado viajero que, aunque es pasajero de primera clase, se le ha vetado el acceso al bote de salvamento número 5, al ser sólo para mujeres, pues cuando Goldenberg ha llevado a su esposa —Nella Carlynne— y ya se ha despedido de ella, al tiempo que el bote se acerca al agua, uno de los oficiales, viendo que el bote no va a ir completo, agarra a Samuel Goldbenberg por la espalda, le da un empujón y lo lanza al mar, cerca del bote. Entonces, su mujer con la ayuda de otros pasajeros le ha rescatado de la muerte por congelación y lo han subido al bote.

El periódico *New York Herald*, de 21 de abril de 1912 relata la estremecedora aventura de la pareja:

> *La señora Goldenberg salió corriendo a cubierta. La Sra. Goldenberg, que no había esperado para vestirse, sino que sólo se había puesto una falda sobre el camisón, fue ayudada a subir a uno de los primeros botes por el Sr. Goldenberg, el Sr. Ismay y uno de los oficiales del Titanic. Ella le rogó a su esposo que la siguiera, pero él se negó. El bote estaba vacío cuando la tripulación comenzó a bajarlo, según la Sra. Goldenberg, e instó a su esposo a tomar un lugar, como lo habían hecho otros hombres. «Cuando vi que no venía -dijo la Sra. Goldenberg-, dije: Por el amor de Dios, entonces despídete de mí», y de repente el Sr. Ismay y uno de los tripulantes agarraron al Sr. Goldenberg y lo arrojaron al agua, al lado del bote. Se las arregló para agarrar las cuerdas del bote y yo y otros tiramos de él...*

En la oscuridad de la noche empiezan a remar para alejarse del inminente hundimiento y el consiguiente y letal efecto de succión del *Titanic*, que empieza a cabecear lentamente, hasta que en un último estertor, se inclina por la proa y con toda dignidad, desaparece, majestuoso y resignado, bajo el mar.

Queda entonces una noche serena, en medio de un silencio sólo roto por los gritos desesperados de los que agonizan congelados en medio del mar, envueltos en un frío glacial y bajo un cielo estrellado. De los 2.224 pasajeros del Titanic más de 1.500 han muerto ya.

Samuel Goldenberg y Nella permanecerán en el precario bote salvavidas todavía unas seis horas, empapados y tiritando, vestidos aún con pijama y pantuflas, precariamente cubiertos con una lona por encima, agradeciendo los vómitos de sus vecinos que les calientan los pies, hasta que son rescatados por el buque *Carpathia*.

La ya débil salud de Samuel se agrava notablemente con la desventura que acaba de sufrir, lo que no le impide, una vez llegado a Nueva York, ejercer su responsabilidad como jurado del French Bull Dog Club of America, aunque por prescripción médica, deberá en el futuro hacer reposo y trasladar su residencia a algún lugar con un clima cálido más adecuado a su precaria y maltrecha salud.

La rueda del azar sigue girando y Samuel, para cumplir la prescripción médica, adquiere la propiedad sobre lo que fue una antigua batería militar convertida en mansión en 1899 y bautizada como Château Amicitia, cerca de Niza en la Costa Azul, en Villefranche-sur-Mer. Samuel decide que será una buena opción para mudarse a vivir a un lugar cálido y amable como le han recomendado los médicos, y allá establece su nueva residencia, que en honor a su esposa, Nella Carlynne es reformada y rebautizada como Ville Nellcôte.

La edificación es una joya neoclásica, entre barroca y art-decó, flanqueada por una decena de columnas jónicas de mármol, y equipada con 16 habitaciones, un extenso jardín y unas enormes escalinatas interminables que dan a la villa un acceso directo y privado al cálido mar Mediterráneo.

Pasaran los años para Ville Nellcôte y también para la vida de Samuel y de su esposa, de la que finalmente Goldenberg se divorciará, y así la villa, antigua instalación cañonera, reformada por un acaudalado judío, continuará su azarosa existencia, y pasando a manos de la Gestapo, será convertida en un centro de inteligencia y control nazi durante la ocupación alemana, en la Segunda Guerra Mundial, sufriendo otras diversas incidencias, como veremos más adelante. Situaciones todas ellas protagonizadas por el caprichoso y omnipresente azar que la atará a un extraño destino vinculado misteriosamente a una traviesa chispa que prendió en un depósito de carbón de un barco olvidado que se va pudriendo, repleto de cadáveres, en una profunda sima del Atlántico.

Quizás sea este un buen momento para presentarles a otro ilustre actor de esta enrevesada historia. Un personaje no menos noble que algunos de los ya revisitados. Se trata de Rupert Louis Ferdinand Frederick Constantine Lofredo Leopold Herbert Maximilian Hubert John Henry zu Löwenstein-Wertheim-Freudenberg, conde de Loewenstein-Scharffeneck. Aristócrata bávaro descendiente de las casas reales de Wittelsbach y Löwenstein-Wertheim.

Rupert, para abreviar, aunque nacido en Mallorca en 1933, de ilustre cuna que no citaremos en su textualidad para no desbordar el relato, a raíz de la separación de sus padres, a los siete años de edad se traslada con su madre a Inglaterra, donde sufrirá algunas penurias económicas, normalmente resueltas con la venta de joyas de la familia, por lo que nada le impedirá recibir una exquisita educación y formación académica, que culminará a finales de los años cincuenta, en una licenciatura en historia medieval por la Universidad de Oxford. Aunque nuestro protagonista, siendo persona práctica, se dedicará profesionalmente a las inversiones como corredor de bolsa, gestionando la firma Leopold Joseph & Sons, junto con sus compañeros graduados de Oxford Jonathan Guinness, Richard Cox-Johnson y Louis Heyman, firma que abandonará unos años después para crear su propia y personal empresa de asesoría financiera Rupert Löewenstein Ltd.

Míster Löwenstein, Caballero de la Orden de Malta, simpatizante con el catolicismo preconciliar y amante de las misas en latín, es persona profundamente religiosa, clásica y conservadora, aunque también dotada de un afinado instinto y buen olfato para los negocios, aderezado con un colmillo asesino, afilado, pragmático y despiadado para las cuestiones financieras. Claramente, la historia y la cultura medieval no ocupan excesivo lugar, en el tiempo ni en la cartera de Rupert.

El caso es que a Rupert no le faltan los clientes, porque avanzados los años sesenta, la fiscalidad se ha disparado en el Reino Unido. La carga impositiva para las personas o empresas con mayores ingresos es del 83%, llegando hasta el 98 % para las inversiones.

Algunos nuevos negocios emergentes, entre ellos el de la música, con un bajo nivel de gestión e ingeniería financiera y radicados en Inglaterra, pierden toda posibilidad de existir. Los Stones, por ejemplo, sufren mil agujeros y vías de agua económicas por donde escapan los ingresos sin control, que están provocando que financieramente, el grupo, como el *Titanic,* se hunda sin remisión en un océano de impuestos. ¡Los Stones se encuentran literalmente en bancarrota!

Es en estas complejas circunstancias cuando, en el año 1968, se produce un encuentro en la tercera fase entre el gentleman Rupert Löewenstein de la casa real de Wittelsbach y Mick Jagger, de la casa musical de los Stones.

Con toda probabilidad, no se podría encontrar dos figuras más antagónicas que nuestros protagonistas. Seguramente, el último antecesor de Rupert que había visto personajes con una indumentaria parecida a Mike Jagger fuese su retatarabuelo el príncipe Luitpold Markgrave de Carintia, duque de Baviera, que había fallecido gloriosamente repeliendo a los hunos en el año 907.

Superada la sorpresa, yendo a lo práctico, tras pactar con Mick Jagger, Keith Richards y después con el resto de Stones la gestión financiera del grupo, Loewenstein, hombre pragmático, ya con plenos poderes, adopta medidas extremas. Despide en una tormenta legal al anterior y controvertido mánager Allen Klein, asume la gestión de las finanzas y aplica disciplina inglesa al asunto. Bajo la gestión de Loewenstein, los Stones se convierten en el grupo de rock más rentable del mundo.

Entre las decisiones adoptadas, Rupert reduce gastos, modifica patrocinios, reorganiza giras, renegocia derechos y *last but no least* conmina a los Stones a abandonar inmediatamente el Reino Unido para establecerse fiscal y físicamente fuera de las islas, imponiendo el exilio como única posibilidad y solución para reflotar financieramente el grupo.

El círculo de nuestra enrevesada historia se cierra cuando Keith Richards y Mick Jagger aterrizan durante la primavera de 1971 en Niza, Francia, país con el que Loewenstein ha negociado con las autoridades fiscales unas tasas impositivas muy favorables para el grupo.

Una batería de limusinas les trasladan desde el aeropuerto hasta sus nuevos domicilios. Es entonces cuando Richards, con su compañera, la actriz Anita Pallenberg, y el hijo de ambos, Marlon, se dirige hacia una mansión señorial llamada Villa Nellcôte, casi un palacio, una inmensa edificación que ha alquilado como residencia, y donde Keith, en el sótano de la villa, que aún conserva cajas de madera y contenedores con la esvástica grabadas, instalará un improvisado y precario estudio de grabación que complementará con el Mighty Mobile, el estudio de grabación móvil ideado por Ian Steward, el quinto Stone, convirtiendo así la clásica y majestuosa residencia del señor Goldenberg, en un pandemónium fuera de control.

El desmadre se apodera de la noble mansión, otrora vivienda del conservador judío superviviente del *Titanic*. La casa, sus pasillos y señoriales habitaciones quizás aún huelan un poco a humo y cenizas, pero ello no parece en absoluto molestar a Keith, que esnifaría las de su propio padre —Bert— años después:

— «No creo que a él le hubiese molestado», afirmó en una entrevista al magazine musical *NME*.

Al caos colaboran eficientemente la gran cantidad de invitados permanentes o temporales como Charlie Watts, Mick Jagger o Mick Taylor con sus acompañantes, así como la heterogénea troupe a la que progresivamente se irán añadiendo, traficantes, *dealers*, vividores, gente de la alta sociedad o músicos como Gram Parsons, el cantante de The Flying Burrito Brothers y con quien Keith Richards ha establecido una estrecha amistad.

Parsons colaborará con las voces y coros en el tema «Sweet Virginia», grabado en los sótanos de Ville Nellcôte. La adicción a las drogas de Parsons le llevará a la muerte apenas dos años después.

En medio del caos, sin horarios, organización ni control de ningún tipo, inexplicablemente, 18 temas del disco *Exile on Main St.*, fueros creados en la señorial mansión durante aquel caótico verano del 71.

Muy pocos meses después la situación se hace ya insostenible. En medio del descontrol, durante el mes de septiembre, la casa es asaltada y robada, poco más tarde se produce un incendio en el dormitorio de Keith y Anita, y para noviembre ya tienen varias causas abiertas por drogas en la prefectura francesa... Keith y familia abandonan Villa Nellcôte apresuradamente para dirigirse a Los Ángeles donde se finalizará la producción del disco.

La música de *Exile on Main St.* refleja la realidad de sus vidas en aquellos extraños días. No son más que unos escépticos y excéntricos exilados viviendo desarraigados en el lujo y el caos.

Lejos habían quedado los años de la inocencia hippie de los sesenta, los tiempos de la paz el amor y el Flower Power, los años de la ilusión de aquellos primeros Stones actuando en Crawdaddy Club, con Brian Jones, Mick Jagger, Keith Richards, Ian Stewart, Bill Wyman o Charlie Watts... músicos ilusionados, que bebían del blues primigenio de Robert Johnson y que querían profundizar académicamente en el mundo del R&B. Diez años más tarde, muchos ideales y algunos compañeros habían quedado por el camino.

Woodstock era ya historia pasada, el mundo de la música perdía su inocencia, salía de la era hippie, descubría las drogas duras, la política, la economía, el fisco... en definitiva, conocía el mundo real, un lugar en que quizás había menos espacio para el optimismo y más lugar para la desesperanza.

Fue en aquella suntuosa residencia de la Costa Azul donde quizás se transformaron aquellos Stones que querían cambiar el mundo, al descubrir que el mundo los había cambiado a ellos.

Aun así, y con todas sus contradicciones, durante aquel verano de 1971, entre aquellas vetustas y nobles paredes de Ville Nellcôte, los Stones realizarían una de las obras más trascendentales de su discografía, donde se mezclaría con su música, el desmadre, la sensación de ser unos exilados y mil sentimientos más, amalgamados en el crisol de aquella casa, que a su vez representaba ese destino caprichoso que hace con nosotros lo que quiere mientras, insensatos, intentamos controlar el incendio en las calderas de nuestro *Titanic* interior, luchando vanamente contra un futuro insensible e impredecible que, como ausente, nos observa socarrón, desapasionado y con indiferencia.

Anita Pallenberg, Keith Richards y Gram Parsons en el salón de Ville Nellcôte.
Foto de Dominique Tarlé (reflejada en el espejo).

Escanear el QR para escuchar
R. Stones - Sweet Virginia

Parte 3. Para acabar: un epílogo musical

12/12

Epílogo - The End

Abbey Road - Apple Records 1969
«Nadie decía, ciertamente,
que este sería el último álbum,
pero todo el mundo lo presentía.»
(George Martin hablando de *Let It Be*).

La historia previa de Abbey Road: *Let It Be*.

La grabación del álbum *Let It Be*, que inicialmente debía titularse *Get Back*, había sido un infierno para los Beatles, un calvario del que saldrían agotados, decepcionados por la penosa experiencia.

Seguían siendo los músicos geniales de siempre, pero la magia, el *mojo*, el entusiasmo y la conexión que existía entre ellos, parecía haber desaparecido. Las sesiones de grabación habían estado repletas de problemas y conflictos, y todos daban por seguro que ya no volverían a hacer ningún disco más.

Nadie tenía tampoco demasiado claro qué hacer con aquellos masters, grabados en un estudio cinematográfico frío por la temperatura y frío también por el ambiente (los estudios Twickenham), un espacio que no era el suyo, que les era tan extraño y artificial como el ambiente que generaba la grabación de su intimidad creativa, y de sus frecuentes discusiones, en una película/documental, con desconocidos pululando alrededor, mil tomas de vídeo, ideas y proyectos de actuaciones en directo nunca concretadas, mezclas finales infames, confiadas a diversos ingenieros, con resultados que no convencían...

Nada estaba claro, como demuestra el hecho de que, grabado en enero de 1969, no fue hasta mayo de 1970, y con la producción de Phil Spector y el apoyo musical de Billy Preston, cuando se publicaría el disco, y aquella ave Fénix musical ya no sería *Get Back*, sino *Let It Be*.

En tanto se resolvía el embrollo anterior, Paul McCartney, intentaba reanimar el decaído espíritu de los Beatles.

Paul trataba de hacer reaccionar al grupo. Realizando un último esfuerzo convenció a George Martin —que había visto el descalabro de *Let It Be*— así como al resto de Beatles, de hacer un disco final, el que sería —este sí— su último disco.

George Martin aceptó la propuesta de Paul, pero con dos condiciones: la primera, que tendría el control absoluto de la producción en el estudio, ya que había quedado un tanto agotado de las discusiones vividas durante la grabación del *Álbum Blanco*. La segunda y lógica condición era que el resto de Beatles estuvieran de acuerdo.

Lo cierto es que una vez aclarado el tema y nuevamente reubicados en los confortables estudios de EMI, donde se sentían a gusto, y con la tranquilizadora presencia de George Martin que fue el catalizador necesario del buen rollo, volvió a ponerse en marcha la «magia Beatle». Así arrancaba el último disco que grabarían: *Abbey Road*.

Abbey Road: La imagen y su historia

Este es un álbum trufado de piezas musicales geniales, pero también le ha dado la fama su famosa y antológica portada, que ha hecho correr ríos de tinta, y que también presenta su curiosa, azarosa historia.

Día 8 de agosto de 1969. Los cuatro Beatles se reúnen en los estudios de EMI / Apple de Abbey Road, para decidir cuál debe ser el título y el diseño gráfico de la portada del nuevo álbum que están grabando.

12/12
The End

Están de acuerdo en que deben aparecer los cuatro músicos y reflexionan que el concepto a transmitir mediante la imagen de este disco de despedida, es el de grandeza, un álbum grande, grabado desde la cúspide, en la cumbre, en el cénit de su carrera musical. Paul, creativo él, y ya embalado propone:

— ¿Por qué no titularlo Everest?... ¿Hay algo más grande y más alto en el mundo?

Algún otro Beatle con una risita irónica añade: «Además Everest es la marca del tabaco que fuma Geoff» (Geoff Emerick, es el ingeniero de sonido de EMI)... alguien hace un esfuerzo para que no se le escape la risa...

Paul no se da por aludido y continúa manifestándose e insistiendo en la idea, añadiendo además que sería fantástico trasladarse al Nepal y hacerse la foto del álbum, juntos, ante el monte Everest...

Ahora, ya una sincera preocupación empieza a manifestarse descaradamente en el resto de los Beatles, cada uno con sus muchos trabajos individuales y proyectos personales... ¿van a gastar su precioso y escaso tiempo desplazándose al Nepal para hacerse una maldita foto ante el Everest?... cunde la alarma y el pánico se enseñorea del estudio.

A partir de ahí empieza la discusión, George, Ringo y John no están por la labor, se inicia la polémica, y, en medio del acalorado debate, alguien dice:

— ¿Y por qué no hacer la foto en la calle de enfrente?, en definitiva... (Why Don't We Do It in the Road?)

Los *fab four* callan, cruzan rápidas miradas entre ellos sin decir palabra, y con la telepatía que los caracteriza, giran simultáneamente la mirada hacia el ventanal de los estudios EMI. Entonces, súbitamente, se levantan y salen afuera, a la calle, a observar. Cerca hay un paso de cebra...

Allí y entonces empieza a nacer la leyenda...

De esta forma, la portada del álbum se trasladó del monte Everest, en Nepal, al paso de cebra de Abbey Road, en la esquina, todo ello bajo el diseño de John Kosh —que también trabajaría para los Stones—.

Al mismo tiempo, Abbey Road sería el nombre para el disco, el único álbum de los Beatles, que no llevaría el título impreso —ni siquiera el nombre del grupo— en el frontal. John Kosh, el director creativo de Apple Records y responsable del diseño lo justifica:

— «Esta es la banda más grande del mundo, ¿para qué ponerle el nombre? Ya está anunciado el disco nuevo de los Beatles, y ahí los ves, cruzando, si no los reconoces, obviamente, es que vives en una cueva».

Así pues, puesto que la montaña no había ido a Mahoma - Beatles, la imagen final se materializó en el entonces intrascendente y hoy archiconocido paso de peatones de la calle Abbey Road, a pocos metros de los estudios de EMI/Apple.

Fue una sesión de fotos improvisada de apenas diez minutos. No podía tener mayor duración porque se había cortado el tráfico y este era el límite de tiempo que la policía les había dado.

En la imagen, se ve a los cuatro Beatles, de izquierda a derecha: George Harrison, Paul McCartney, Ringo Starr y John Lennon, cruzando con grandes zancadas y la mirada al frente, el paso de cebra cerca de los estudios de EMI.

El fotógrafo escocés Iain Macmillan tomó seis fotos subido a un taburete. La quinta fue la buena, ya que era la única en que las piernas de los cuatro músicos formaban, simultáneamente, una V (invertida) perfecta, que era lo que el fotógrafo buscaba para enfatizar el ritmo de la imagen. Kosh, como responsable gráfico recogió las fotos, hizo el diseño y la leyenda nació.

Hasta aquí los hechos, pero después, esta fotografía, absolutamente improvisada, se ha hecho tan icónica en el mundo de la producción discográfica y el diseño como la que más, constituyendo una de las portadas más emblemáticas, reproducidas e imitadas de la historia.

Parodias y remakes de la portada de álbum *Abbey Road.*

Pero además —riámonos de las *fake news* de hoy—, esta portada, involuntariamente, resultó ser una generosa fuente de leyendas, preguntas y especulaciones.

12/12
The End

¿Por qué este es el único disco que no lleva el nombre de los Beatles en la portada?, ¿qué hace allí ese Volkswagen —escarabajo—*beetle*— blanco subiendo sobre la acera?, ¿por qué en su matrícula (la más robada de la historia para desgracia del propietario), se aprecia 281F, es decir, «28 SI», que sería la edad que habría cumplido McCartney en la publicación del disco... «si» siguiese con vida? —se decía que Paul había muerto en 1966 en un accidente de coche—. ¿Qué hace el hombre solitario de la derecha junto al coche de la policía, extraño testigo de la escena, mirando distraído hacia el frente, de forma ausente? ¿Por qué Paul va descalzo en la fotografía? ¿Por qué Paul lleva el paso diferente a los otros tres Beatles? ¿Por qué Paul sostiene el cigarrillo con la derecha cuando él es zurdo? —se decía que un doble le había sustituido desde hacía años, a raíz de su prematura y secreta muerte—. ¿Por qué los vestidos, los colores y la posición de los cuatro músicos? Lennon, vestido con ropa blanca, va delante, como un sacerdote, Paul se encaja entre Ringo —negro, de luto— y George el único con ropa de trabajo, sin traje, como si fuera el enterrador... ¡Así se especulaba!

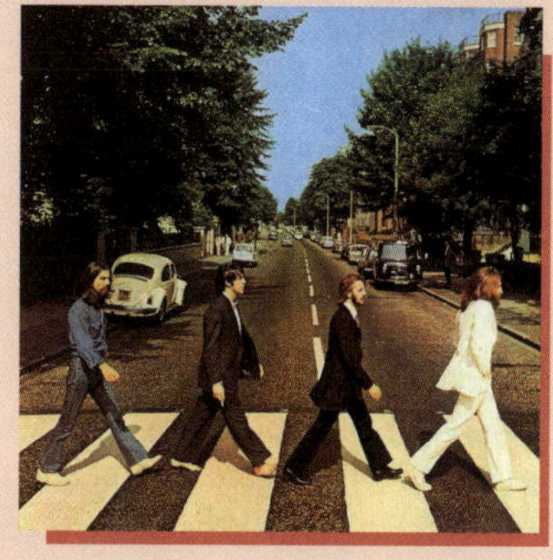

En definitiva, nada que afectara a los Beatles dejaba de mirarse con lupa y todo era objeto de alocadas hipótesis, absurdos proyectos y minuciosos análisis hasta el menor detalle. El desesperado propietario del Wolksvagen escarabajo LMW 281F, lo vendía y finalmente era subastado por Sotheby´s por 2.530 libras esterlinas, yendo a parar al museo de Volkswagen de Wolfsburg, Alemania.

Sí... cada Beatle debía sentirse como un escarabajo diseccionado bajo el microscopio, observado de forma permanente y minuciosa por miles de millones de personas. Nada de lo que hacían los Beatles se dejaba de escrutar, todo era público, y, a la vez, fuente de especulaciones —a menudo interesadas, tratando de subir al carro de su popularidad— haciendo correr ríos de tinta.

Tenía que ser realmente angustioso para los cuatro músicos. Todo el mundo quería arrebatar su trozo de la tarta de los Beatles tanto a nivel de publicidad, como personal, y por supuesto en los asuntos financieros y negocios en Apple. Es humano querer romper con todo esto, querían ser personas y no meros muñecos de feria. Y así llegó el final: «The End».

... ¿Y la música?

La canción «The End», es la que cierra el ciclo histórico de los Beatles, y cierra también este disco fabuloso, de los *fab four*.

Abbey Road contiene varias joyas musicales, empezando por la canción que abre el disco: «Come Together», con el riff *funky* extraordinario de bajo que Paul incorporó para darle personalidad. Después sigue «Something», que finalmente consolidaba —junto a «Here Comes the Sun»— en la cara B, a George Harrison como gran compositor, a pesar de su marginación como creativo por el tándem Lennon - McCartney, que finalmente reconocían aquí y así su talento. Ringo se lo pasaba bien en «Octopus's Garden», mostrando el buen *feeling* que finalmente estaban logrando los compañeros músicos.

La cara B queda marcada para siempre con la impronta del mix de piezas geniales que habían quedado a medias en todas sus etapas anteriores, especialmente en el *Álbum Blanco*, pinceladas de genio enlazadas con artificios de unión, compases, silencios... que hacen que este popurrí se escuche embelesado. Son 16 minutos de música absolutamente geniales, y cuando los músicos te han llevado a la cima del clímax con su creatividad, te dicen adiós, un adiós definitivo, con «Her Majesty» y la pieza final de despedida: «The End».

The End: El legado

Entramos en el detalle de la historia de esta minúscula y corta canción de despedida, de poco más de dos minutos, que en el disco finalmente producido, iba seguida por un corte que se medio coló por error de montaje en el prensado del disco (la canción «Her Majesty», de 23 segundos), aunque todo el mundo considera «The End» como la canción final, el legado, la despedida de los Beatles.

«The End» el adiós... Los Beatles, después de reordenar las caras y las canciones del álbum, decidieron en la planificación del disco que la última pieza fuera «The End», decisión tomada más como fruto de la improvisación que de la premeditación. Flotaba en el aire el sentimiento común de que esta era la canción que debía cerrar el álbum y por tanto la historia de los Beatles.

No se sabe exactamente de quién fue la idea, quizá de Paul (John quería un disco más rockero y no se alineaba tanto con esa sensibilidad). El caso es que decidieron, juntos, que para despedirse, en el disco, de la vida, y de la historia de los *fab four*, harían, para cerrar esta canción final, que cada Beatle interpretase un solo. Sería como, si al escuchar el final del disco, recibieras el adiós personal e individual de cada uno de ellos.

Lo complicado fue convencer al rey de los anillos, Ringo, que ni en ninguna de las más de doscientas canciones de los Beatles, ni en ningún concierto, directo ni grabación, nunca había querido hacer, ni hizo, un solo de batería. Los odiaba, según decía.

Ayudó a aceptar —a Ringo— la propuesta del solo, según él mismo relata, el hecho de que acabara de estrenar nuevos parches para el Tom de la batería, que sonaban muy bien, y decidió exprimirlos al máximo. ¿Por qué no?

Y John, Paul y George... ¿cómo lo harían?

Pues bien, decidieron «repartirse» el solo de guitarra. Así harían un único solo, pero en su genialidad, lo dividirían en tres trozos y cada Beatle haría una parte, pasándose el turno de uno a otro. Harrison lo medio sugirió, a Paul le encantó y John sólo pidió que su turno fuera el último.

El día 7 de agosto de 1969, a las 6 de la tarde, en el estudio tres de EMI, se reunían los cuatro Beatles para grabar esta parte.

Prácticamente, si se revisan todas las sesiones de grabación del disco, en muy pocos momentos, si es que hubo alguno, se habían reunido los cuatro Beatles en el estudio. Seguramente sabían que esta sería la última vez que tocarían juntos. Tanto fue así, que John pidió, por primera y última vez a Yoko que, por favor, se quedara fuera del estudio, algo que ella sorprendida y algo ofendida aceptó sin protestar. Quizás Lennon sentía que esta vez tenían que volver a ser los cuatro amigos y compañeros de los viejos tiempos y nada tenía que romper su «mojo», esa magia que los hacía únicos.

Los técnicos (Geoff Emerick y Phillip McDonald), únicos testigos de

esta escena, explicaron después que volvían a ver a los Beatles de siempre, animados, disfrutando mientras tocaban, compitiendo con buen rollo entre ellos. Emerick relata:

> **«John, Paul y George parecían haber retrocedido en el tiempo, como si fueran adolescentes de nuevo, tocando juntos por el puro placer de hacerlo. Más que nada, me recordaban a pistoleros, con sus guitarras a punto, mirándose resueltos, con ojos de acero, decididos a superarse unos a otros. Sin embargo, no había animosidad, ni tensión en absoluto, se notaba que simplemente se estaban divirtiendo».**

Sí... Habían recuperado el espíritu de los viejos tiempos... Quizás se sentían ya a punto de levantar la pesada losa que representaba los diez años transcurridos viviendo una vida ya no querida, de la que deseaban librarse para volver a ser cada uno de ellos mismos.

Estaban cerrando un ciclo. Se liberarían de su leyenda, Lo sabían y la euforia les rodeaba.

Así pues, los técnicos prepararon la pista número 4 de la grabadora (de 8 pistas), alinearon los tres amplificadores de guitarra, cada uno junto al otro, los ecualizaron para sacar las diferentes texturas tonales de cada instrumento, y se procedió a la grabación, en mono, de la parte de los solos de la canción.

Empieza la parte de Ringo quien, después de ocho compases de percusión, con un sonido potente, enérgico, increíble, marca la entrada a diez compases previos de guitarras y voces. En el compás número once se inician los solos de guitarra, comenzando por los primeros dos compases del solo de guitarra de Paul, quien con un sonido cristalino, y un tono agudo despliega una melodía extraordinaria, con una técnica personalísima de músico zurdo (como Jimi Hendrix), e inicia el fraseo solista.

Tal y como habían convenido, toca durante sólo dos compases y para en seco. Luego, sincrónicamente al corte de Paul, al empezar el primer tiempo del tercer compás llega el turno a George, que entra con un sonido muy agudo, grueso y afilado, de guitarrista solista profesional, un toque más limpio, controlado y rápido, con *bends* potentes y afinados, consumiendo también sus dos compases, para pasar el turno a John, quien, roquero y marchoso, con buena distorsión cañera despacha sus dos compases de solo con un tono oscuro y sucio, entre punteado y rítmico, para devolver el balón a Paul, que sigue desarrollando su línea melódica y estética inicial, para pasar después a George y de nuevo a John, y así hasta tres ruedas, tres guitarristas tres melodías y dos compases cada vez. ¡Todo ello dura 38 segundos históricos!

¡La grabación se realizó en una única toma! Sólo unos genios, con miles de horas de escenario y de estudio, pero también con telepatía y capacidad de conectarse como si fueran un único ser, podían hacer esto, quién sabe si espoleados por el sentimiento y la intuición de que ya nunca más volverían a tocar juntos. Como más tarde diría George Martin: «Lennon era el alma de los Beatles, Harrison el espíritu, Paul el corazón, y Ringo el cuerpo».

Sólo por un momento, durante aquellos 38 segundos que resumían casi diez años de vida musical en común, habían vuelto a ser los Beatles de siempre, pero más viejos y más sabios.

Y así, después de esta parte antológica, que nos deja sin aliento, los Beatles nos dicen adiós, en los últimos dieciséis compases musicales creados por el genial cuarteto.

Lo hacen mientras se desvanece el sonido del último «trallazo» de la guitarra de John, y aparece, reiterada, suavemente, in crescendo, un piano, que rítmicamente, da la entrada a la voz de Paul, quien inicia el verso final de despedida, imitando, en su texto, los pareados finales de las obras de Shakespeare:

And in the end
The love you take
Is equal to the Love
You make

Es en esta frase de despedida, cuando los cuatro Beatles nos hacen llegar su legado.

«Al fin, el amor que te llevas es tanto como el amor que hayas hecho.»

Los cuatro adolescentes, los amigos de Liverpool habían crecido, habían disfrutado, habían creado música, y con todos sus errores, todas sus contradicciones personales y debilidades, habían vivido y nos habían hecho vivir, y ahora nos decían, sutilmente:

—Amigos, ya hemos cumplido nuestra parte, hemos hecho cada uno nuestro turno, y ahora, chicas y chicos del rock and roll, adiós. Tomad esto, y que cada cual haga también su parte, para que continúe el legado.

Los Beatles habían roto la jaula de oro y ya volaban libres.

Escanear el QR para escuchar
The Beatles - The End

Playlist

Si quieres escuchar las canciones que aparecen en este libro,
puedes acceder con este código a la playlist completa.
¡Y disfruta de la lectura del libro!

Los autores

Josep Clotet Sopeña

Josep Clotet Sopeña (1954) es ingeniero de profesión y músico y escritor por vocación. A sus 9 años se inició en el mundo musical, y, como guitarrista convivió y aprendió de los maestros musicales de los años sesenta y setenta. A los 14 años formó su primer grupo musical, creando las primeras versiones, de temas musicales aún inéditos en España, del folk americano.

Andrea de Castro

Andrea de Castro (Lleida, 1994). Licenciada en Bellas Artes, ilustración y animación. Profesionalmente ha creado portadas para diversos sellos editoriales y para la Universidad de Lleida. Es la autora del cartel de la 25ª edición de la Muestra de Cine Latinoamericano de Catalunya (2019) y de los cursos de verano de la Universidad de Lleida. También ha ilustrado carátulas para diversas discográficas.

En la misma colección:

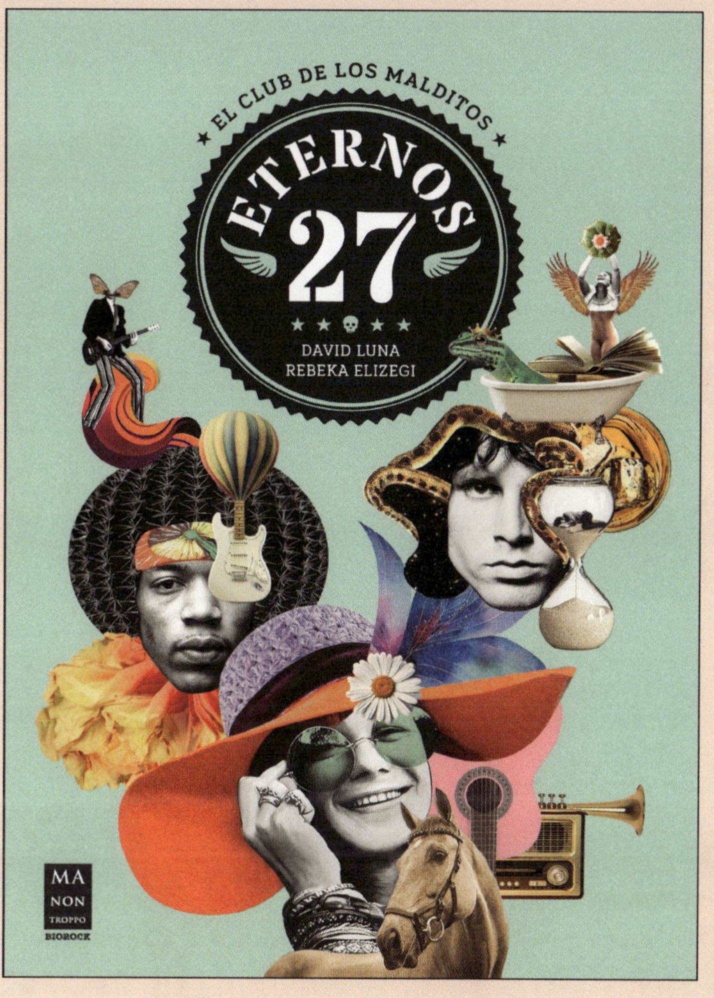

Eternos 27

Son estrellas de la música, son mitos, y todos fallecen con 27 años, tal vez presos de una terrible maldición desatada tras un pacto diabólico en un cruce de caminos. Este libro te sumergirá en las meteóricas carreras de los 27 miembros más destacados del denominado «Club de los 27» por medio de relatos que recrean los últimos momentos de sus vidas.

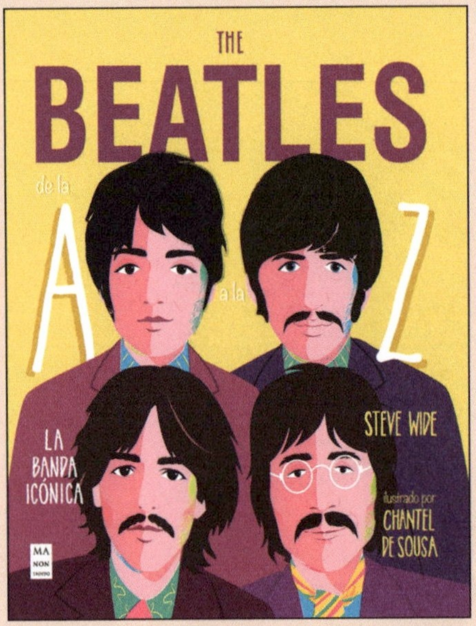
THE
BEATLES
de la
A
a la
Z
LA BANDA ICÓNICA
STEVE WIDE
ilustrado por
CHANTEL DE SOUSA

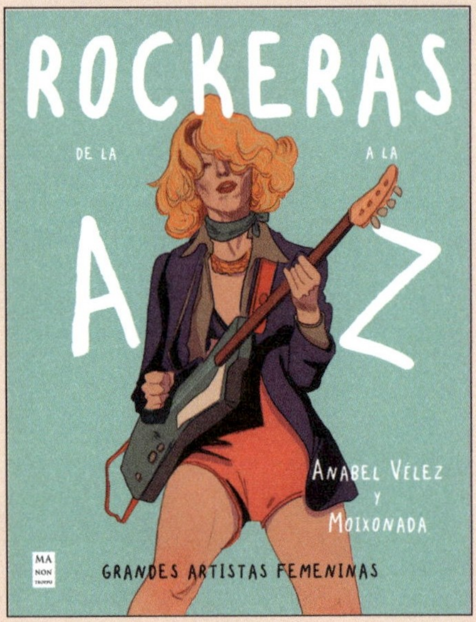
ROCKERAS
DE LA
A
A LA
Z
ANABEL VÉLEZ
Y
MOIXONADA
GRANDES ARTISTAS FEMENINAS

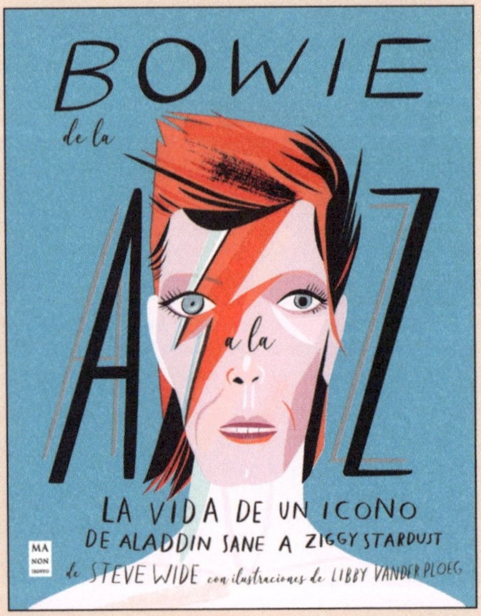
BOWIE
de la
A
a la
Z
LA VIDA DE UN ICONO
DE ALADDIN SANE A ZIGGY STARDUST
de STEVE WIDE con ilustraciones de LIBBY VANDER PLOEG

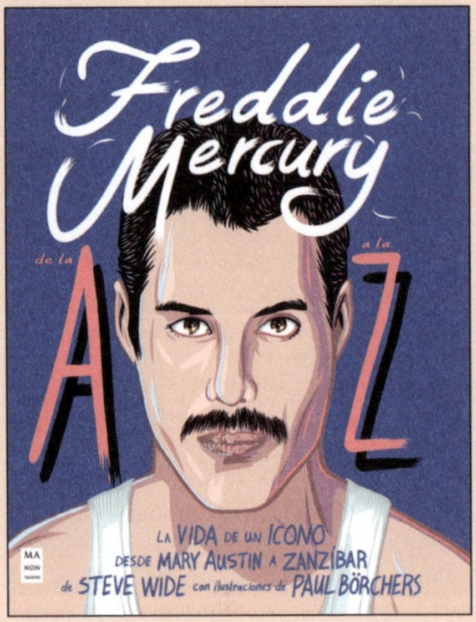
Freddie
Mercury
de la
A
a la
Z
LA VIDA DE UN ICONO
DESDE MARY AUSTIN A ZANZÍBAR
de STEVE WIDE con ilustraciones de PAUL BÖRCHERS

MA
NON
TROPPO